AF460167

TITRES CIVILS ET MILITAIRES

ET

TRAVAUX SCIENTIFIQUES

DU

Dr E. LOUBAT

CHIRURGIEN TITULAIRE DES HOPITAUX DE BORDEAUX

CHARGÉ DE COURS COMPLÉMENTAIRE A LA FACULTÉ DE MÉDECINE

BORDEAUX

IMPRIMERIES GOUNOUILHOU

9-11, RUE GUIRAUDE, 9-11

1926

TITRES ET DISTINCTIONS SCIENTIFIQUES

Externe des Hôpitaux de Bordeaux (Concours 1903),

Interne provisoire (Concours 1904).

Interne des Hôpitaux de Bordeaux
(Concours 1906, 1er de la promotion) de 1906 à 1910.

Docteur en médecine (10 février 1910).

Médecin résidant (Chef interne) des Hôpitaux
et Maternités du groupe de Pellegrin (1910-1912).

Chef de Clinique chirurgicale a la Faculté
de Médecine et de Pharmacie de Bordeaux, 1912-1920.

Chirurgien adjoint des Hôpitaux de Bordeaux
(Concours 1920).

Chargé de cours complémentaire (Pathologie externe,
3e année) a la Faculté de Médecine et de Pharmacie
de Bordeaux, 1924-1925 et 1925-1926.

Chirurgien titulaire des Hôpitaux, 1925.

Reçu a l'examen d'aptitude aux fonctions d'agrégé,
section de Chirurgie générale, Paris, avril 1926.

Lauréat des Hôpitaux :
Médailles de bronze, 1904, 1906.
Médailles d'argent, 1908, 1909, 1910.
Médaille d'or de l'Internat (*Concours* 1909).

Lauréat de la Société des Amis de l'Université de Bordeaux (Médaille d'argent, 1906).

Lauréat de la Faculté de Médecine : Prix Godard des thèses, Médaille de bronze, 1909-1910.

Membre et ancien secrétaire de la Société d'Anatomie et de Physiologie normales et pathologiques de Bordeaux (Société Anatomo-Clinique actuelle).

Membre et ancien secrétaire de la Société de Gynécologie, d'Obstétrique et de Pédiatrie de Bordeaux (Société d'Obstétrique et de Gynécologie actuelle).

Membre de la Société de Médecine et de Chirurgie de Bordeaux, 1923.

Membre de l'Association française de Chirurgie, 1920.

ENSEIGNEMENT ET SERVICES HOSPITALIERS

Conférences d'Internat (1908, 1909, 1910).

Conférences pour la préparation au concours de Chirurgien adjoint des Hôpitaux (1921, 1922).

Conférences de Pathologie chirurgicale pour les Médecins américains (Service de Clinique de M. le professeur CHAVANNAZ, 1919).

Conférences de Pathologie générale chirurgicale (Service de Clinique de M. le professeur CHAVANNAZ. 1920, 1921, 1922).

Conférence de Pathologie externe (3e année) *à la Faculté de Médecine de Bordeaux* (semestre d'été 1925 et semestre d'été 1926).

Remplacements dans les Hôpitaux :

Service de Chirurgie :

Hôpital Saint-André	(24 juillet au 16 octobre 1921).
—	(24 juillet au 16 octobre 1922).
—	(1er février au 1er mai 1923).
Hôpital Bel-Air	(14 juillet au 20 octobre 1923).
—	(14 juillet au 20 octobre 1924).
Hôpital Saint-André	(1er novembre au 31 déc. 1924).

Titulaire du Service de Chirurgie de l'Hôpital des Enfants depuis janvier 1925.

TITRES ET DISTINCTIONS MILITAIRES

(Extrait de l'État des Services, délivré le 14 mars 1923 par la Direction du Service de Santé de la 18e région.)

GRADES SUCCESSIVEMENT ACQUIS :

Soldat de 2e classe le 14 novembre 1904. Disponibilité le 23 septembre 1905.

Médecin auxiliaire le 31 mai 1907.

Médecin aide-major de 2e classe de réserve le 29 juin 1910.

Médecin aide-major de 1re classe de réserve le 30 juin 1912.

Médecin-major de 2e classe de réserve le 1er mai 1917.

AFFECTATIONS ET FONCTIONS SUCCESSIVES PENDANT LA GUERRE :

Mobilisé (campagne contre l'Allemagne) du 4 août 1914 au 22 mars 1919.

Séjour sur les fronts français ou alliés du 10 août 1914 au 19 décembre 1918.

Ambulance 9/18, le 4 août 1914.

Ambulance auto-chir no 12, le 6 août 1915.

Mission militaire française en Roumanie, le 19 octobre 1916.

Chef de secteur chirurgical à Châlons-sur-Marne, le 14 juin 1918.

Chirurgien consultant du C. H. de Vitry-le-François.

Hôpital complémentaire 57, le 16 juillet 1918.

Chirurgien consultant du 31e corps d'armée, le 31 octobre 1918.

Chirurgien consultant de la 2e région, secteurs d'Amiens et de Beauvais, le 19 décembre 1918.

Mis en congé illimité le 23 mars 1918.

DÉCORATIONS FRANÇAISES ET ÉTRANGÈRES :

FRANÇAISES :

Croix de guerre. — Citation à l'ordre de la 3e division coloniale le 27 mai 1915 :

« Chirurgien de l'ambulance 9/18, a montré à » maintes reprises sa valeur et sa conscience chirur- » gicales. S'est particulièrement distingué à l'occasion » des combats de Ville-sur-Tourbe, en opérant de nuit » et de jour un nombre considérable de blessés. »

Médaille d'honneur des épidémies. — Médaille d'argent, délivrée par le Ministère de la Guerre, le 24 août 1918 :

« N'a cessé de faire preuve du plus grand dévoue- » ment auprès de malades atteints de typhus (Rou- » manie).

» A contracté au cours de son service une affec- » tion grave. »

Chevalier de la Légion d'honneur le 13 juillet 1919.

DÉCORATIONS ÉTRANGÈRES :

Croix Regina Maria de 2e classe. — Roumanie, le 22 février 1918 :

« Pour la compétence et le dévouement remarqua- » bles qu'il a apportés au traitement des malades » en 1917. »

Officier de la Couronne de Roumanie, avec glaives, le 26 septembre 1917 :

« Pour la distinction avec laquelle il a organisé les » hôpitaux de Caiutz et pour l'énergie et le dévouement » avec lesquels il a exécuté les interventions chirurgi- » cales sur le front roumain en 1916 et en 1917. »

TRAVAUX SCIENTIFIQUES

PATHOLOGIE GÉNÉRALE CHIRURGICALE. VARIA.

Plaies articulaires.

Traitement chirurgical des plaies articulaires du genou dans les ambulances de l'avant. — Mémoire déposé le 7 juin 1916 à la *Société de Chirurgie de Paris*, et qui a fait l'objet d'un rapport de M. Th. TUFFIER à la séance du 28 juin 1916. — *Bulletins et Mémoires de la Soc. de Chirurgie de Paris*, 1916, p. 1619.

Ce mémoire est basé sur 23 observations personnelles accompagnées des feuilles de température et des schémas radioscopiques. Nous reproduisons ici les parties du rapport de M. Tuffier qui relatent les divers points principaux de notre travail.

Nous estimons que c'est dans les premiers soins, à la première opération, que tout blessé court sa chance et que de la précocité, de la correction opératoires dépendent, non seulement la vie, mais aussi la bonne évolution ultérieure de la blessure, ainsi que la rapidité et la valeur de la guérison.

Nous préconisons comme méthode de choix dans le traitement des plaies articulaires sans délabrements très graves, *l'ouverture précoce* de l'articulation, *sa désinfection mécanique et chimique*, et *sa suture complète*, avec ou sans drainage.

Notre première intervention conservatrice remonte au 31 octobre 1915, en Champagne, les autres ont été surtout exécutées pendant la bataille de Verdun.

Technique. — L'indication essentielle consiste à transformer en plaie chirurgicale désinfectée une plaie accidentelle souillée par des débris de toute sorte et, le plus souvent, par la présence d'un projectile. Ceci fait, nous avons constaté qu'on peut sans danger réunir la plaie par les procédés usuels avec cicatrisation *per primam.*

La plaie chirurgicalement propre a été obtenue : 1° en excisant la totalité des tissus contusionnés, déchiquetés et contaminés par le passage du projectile; 2° en pratiquant l'extraction du projectile et surtout des débris vestimentaires, qui sont au plus haut chef l'agent infectant de la plaie; 3° en annihilant le commencement d'infection, qui existe toujours à un degré plus ou moins intense, par l'action d'un désinfectant; 4° en diminuant les chances d'infection de dehors en dedans par la suture de la plaie.

Il est bien entendu que la région a été radiographiée et les lésions repérées.

1° *L'arthrotomie.* Son incision dépend du siège de la lésion et du siège du projectile. Une incision parallèle à l'un des bords de la rotule, centrée sur la plaie extérieure et le trajet du projectile, permet d'éviter sûrement d'ouvrir une synoviale contre laquelle le projectile a pu s'arrêter. L'*excision complète* jusqu'en tissu sain des lèvres de la plaie cutanée et des tissus déchiquetés et souillés par le passage du projectile est faite avec soin.

Si le projectile siège profondément dans les ligaments croisés ou les os, l'incision en U de la résection, avec suture consécutive parfaite des parties sectionnées, est nécessaire.

2° *L'articulation* étant ouverte et son contenu évacué (liquide hydarthrosique visqueux plus ou moins teinté, sang plus ou moins coagulé), on passe à la *recherche systématique du projectile* dans l'articulation. La recherche du projectile est parfois délicate; le plus souvent, il faut faire placer l'articulation *dans la position où elle était au moment de la blessure*, en faisant fléchir plus ou moins la jambe sur la cuisse; on retrouve ainsi sur les condyles le point de passage du projectile.

Après l'extraction du projectile trouvé soit dans la cavité

articulaire, soit dans l'os, où il est plus ou moins profondément enfoncé, nettoyer avec soin sa niche osseuse ou fibreuse, en enlevant les débris vestimentaires, en curettant le tissu osseux, en régularisant à la pince gouge ou aux ciseaux. On supprime ainsi les tissus qui étaient au contact du projectile. Enlever avec soin les esquilles détachées ou à peine adhérentes, en ayant bien soin de ménager le périoste, ne laissant rien pouvant constituer ultérieurement un corps étranger de l'articulation. Telle est la *désinfection mécanique*, qui nous paraît la meilleure. *Son importance est capitale.*

3° *Comme désinfectant* chimique, nous employons l'éther de façon exclusive : pour les tissus mous et les tranches osseuses, friction énergique à la compresse sous un filet d'éther coulant d'un flacon à deux tubulures. La cavité articulaire est remplie d'éther et des mouvements répétés de flexion et d'extension du genou permettent au liquide de pénétrer dans tous les diverticules de la cavité synoviale.

4° *Suture*. Quand on a la certitude que rien de suspect ne reste dans l'articulation ainsi traitée, suture de la plaie en prenant toutefois la précaution de placer dans l'articulation, pour vingt-quatre ou quarante-huit heures, un drain de moyen calibre (drain n° 2 du matériel du Service de Santé) destiné à assurer l'écoulement du suintement séro-sanglant consécutif et à servir de soupape de sûreté provisoire dans le cas possible où une arthrite se développerait. Suture de la synoviale, de la capsule articulaire et des téguments en deux ou trois plans, si possible.

Le membre est ensuite immobilisé dans une « gouttière d'aluminium ».

Suites. — Dans les cas favorables, de beaucoup les plus nombreux, la douleur ne persiste guère que pendant vingt-quatre ou quarante-huit heures. La température, un peu irrégulière les deux premiers jours, oscillant entre 37 et 38 degrés, descend ensuite à 37 degrés et au-dessous dans les cas simples. Le premier pansement est fait ordinairement du deuxième au cinquième jour. Le suintement étant habituellement peu abondant, sauf le cas de lésion osseuse sérieuse, le drain est enlevé à ce moment-là. La présence de fièvre et d'un suintement douteux a incité trois fois à laisser le drain un peu plus longtemps.

Les pansements secs aseptiques sont renouvelés tous les quatre ou cinq jours environ jusqu'à guérison, les crins étant laissés en place entre huit et quinze jours environ.

Résultats obtenus. — Disons tout d'abord que sur 23 cas, un seul constitue un insuccès sérieux : le développement rapide d'accidents graves d'arthrite suppurée a amené à réintervenir moins de deux jours après la première opération et à pratiquer la résection typique du genou; les accidents infectieux se sont arrêtés et le malade, en bonne voie de guérison, a pu être évacué vingt-cinq jours après la deuxième opération.

Pour examiner les résultats en détail, nous sommes obligés de les classer en deux groupes principaux :

1° *Plaies pénétrantes de l'articulation du genou, projectile non inclus dans l'articulation ; 2° plaies pénétrantes de l'articulation du genou, projectile inclus dans l'articulation.*

Dans chacun de ces groupes, nous devons distinguer deux catégories spéciales : a) *Lésions limitées aux seules parties molles ;* b) *plaies intéressant plus ou moins le squelette.*

Notons enfin que si 13 blessés étaient uniquement frappés au genou, 10 avaient d'autres blessures plus ou moins graves venant troubler l'évolution de la lésion qui nous concerne et passant parfois au premier plan (obs. VIII : plaie pénétrante de l'abdomen).

1° *Plaies pénétrantes de l'articulation du genou, projectile non inclus dans l'articulation :*

Elles sont au nombre de 9 avec 8 succès à l'actif de la méthode conservatrice; 6 fois le squelette était lésé.

2° *Plaies pénétrantes de l'articulation du genou, projectile inclus dans l'articulation.*

Elles sont au nombre de 14, toutes suivies de succès; 13 fois il y avait lésion osseuse.

Notons que sur ces 14 succès deux n'ont été obtenus qu'après une petite poussée inflammatoire ayant nécessité l'immobilisation plâtrée, après le maintien un peu plus prolongé que d'habitude du drain (obs. XXIII : 6 jours; obs. XXII : 8 jours).

Rôle de l'intervalle de temps écoulé entre la blessure et l'opération.

Dans l'évolution des suites, l'ancienneté de la blessure joue un très grand rôle. Si nous cherchons quel a été le temps écoulé entre la blessure et l'intervention, on voit que :

1° *Aucun des blessés opérés dans les douze heures qui ont suivi la blessure ne nous a donné la moindre inquiétude.* L'évolution a été parfaite, sauf un cas compliqué de sérieuses lésions osseuses où, après la cicatrisation complète de la plaie, un petit abcès superficiel s'est ouvert.

2° *Entre douze et vingt-quatre heures les résultats sont encore très satisfaisants.* Un seul blessé a présenté un peu de fièvre pendant huit jours et une suppuration par le drain, qui a été laissé en place treize jours.

3° *Entre vingt-quatre et trente-six heures les suites commencent à ne plus être aussi simples.* Le patient, qui a fait des accidents graves d'arthrite suppurée et chez qui on a dû pratiquer la résection du genou, avait été opéré après vingt-cinq heures. Chez d'autres blessés de cette ancienneté, nous trouvons des suites un peu troublées : température irrégulière pendant six ou huit jours, retard dans la cicatrisation au niveau de la plaie primitive excisée ou au niveau de la place du drain, indices d'une infection atténuée, d'une arthrite légère avec tendance à la suppuration, accidents d'ailleurs peu graves et passagers. Un seul des blessés de cette catégorie a guéri de façon absolument parfaite.

4° *Entre trente-six et quarante-huit heures.* Deux opérés seulement : l'un a guéri sans accidents, l'autre a présenté, après l'opération, de l'arthrite subaiguë avec pus qui a nécessité le maintien du drain pendant huit jours et l'immobilisation plâtrée consécutive.

5° Un seul blessé *tardivement opéré*, après soixante et onze heures, a cependant guéri normalement; il est vrai qu'il s'agissait d'un shrapnell qui n'était pas resté dans la synoviale distendue par du liquide séro-sanglant.

Il est bien certain qu'à côté de ce facteur délai, il faut tenir compte de la nature de l'infection, qui n'a pu être notée.

Valeur des résultats obtenus. — Nous ne pouvons parler naturellement ici que de guérison dite opératoire, c'est-à-dire de cicatrisation complète des plaies, ne pouvant garder et suivre les blessés assez longtemps pour apprécier la valeur de la guérison au point de vue fonctionnel.

Si nous exceptons le seul insuccès qui s'est jugé par la résection secondaire du genou et un blessé de l'observation III évacué prématurément avec un drain dans un genou non suppurant, il reste 21 observations de blessés guéris opératoirement. Ce résultat est très appréciable, car ces 21 blessés ont échappé non seulement à l'infection primitive grave, à peu près fatale lorsqu'on laisse le genou blessé livré à lui-même, mais également à l'infection secondaire si difficile à éviter dans une plaie largement ouverte, non cicatrisée, soumise, pendant les semaines où la cicatrisation se fait attendre, à toutes les chances de contamination créées par le transport, les manipulations diverses et les voisinages dangereux. C'est un progrès incontestable sur l'arthrotomie simple.

Les résultats fonctionnels sont également importants. Chez le plus grand nombre d'opérés, quand il n'y a pas de gros délabrements osseux, au bout de quinze jours à trois semaines le premier essai de mobilisation permet de se rendre compte que l'articulation est souple ou atteint d'emblée facilement 45 degrés de flexion, même l'angle droit, et il est évident qu'un traitement ultérieur bien compris doit ramener l'intégrité absolue de la fonction.

Indications opératoires. — Trois facteurs essentiels, d'après nous, entrent en jeu pour autoriser à refermer primitivement un genou arthrotomisé pour plaie pénétrante par projectile de guerre :

1° *Le facteur : temps écoulé*. Tout blessé opéré tôt (avant douze heures ou même vingt-quatre heures) est justiciable de la réunion de la plaie. Après ce délai, il existe encore des cas favorables; quand au bout de vingt-quatre heures et même de quarante-huit heures on constate qu'un genou ouvert, souillé par le passage ou la présence d'un projectile, ne présente pas de signes d'infection déclarée, on peut espérer encore empêcher celle-ci, mais alors on ne saurait s'attendre à avoir des suites mathématiquement aussi sûres que dans le premier cas : les blessés doivent être suivis de près.

2° *Le facteur : installation.* Il est inutile de dire que ces interventions doivent être pratiquées avec autant de soins d'asepsie qu'une arthrotomie pour fracture fermée de la rotule, par exemple. D'où il découle qu'on ne peut tenter ces opérations que lorsqu'on est bien aidé et bien installé.

3° *Certitude du fini de l'opération.* On ne peut refermer un genou que lorsqu'on a acquis la certitude qu'il ne reste dans l'articulation ni projectile, ni tissus souillés par son contact, ni débris quelconques entraînés par lui. L'utilité d'un examen radioscopique précédant l'intervention est indéniable.

Contre-indications. — 1° *L'existence d'une arthrite aiguë* est incompatible avec l'idée de suture soignée de la plaie.

2° *L'existence de lésions étendues des parties molles du genou* ne permet pas de faire la désinfection chirurgicale suffisante et l'occlusion complète de l'articulation;

3° *Des lésions étendues du squelette*, telles que le broiement des épiphyses articulaires, rendent la conservation articulaire impossible, et la résection primitive du genou donne alors des résultats remarquables;

4° *L'existence de plaies multiples graves* fait passer quelquefois la plaie du genou à un plan secondaire. Quand elles sont peu graves, elles peuvent gêner la réalisation de la cicatrisation primitive; il peut y avoir intérêt à faire subir le même traitement de désinfection chirurgicale à une plaie contuse du voisinage, dont le suintement peut infecter secondairement le genou par la voie du pansement et du drain.

Quoi qu'il en soit, nous estimons que ce que nous considérons comme *le traitement chirurgical conservateur idéal des plaies articulaires du genou est loin d'être un procédé d'exception.*

Dans les ambulances de l'avant, même en période intensive, plus de la moitié des blessés du genou peuvent en bénéficier, et, pour notre part, le succès aidant, nous sommes arrivé à l'appliquer de façon suivie : *sur les 37 derniers cas de plaies articulaires* de toute variété observées par nous au niveau du genou pendant les trois dernières mois environ, *22 fois* nous avons tenté la réunion immédiate de la plaie, avec les résultats précédemment exposés. Les autres cas étaient justiciables, d'emblée, de gros drainages, de résections primitives, d'amputation même.

Ce mémoire, déposé à la Société de Chirurgie, parait avoir joué un grand rôle dans la diffusion de la suture primitive systématique appliquée au traitement des plaies articulaires. La plupart des auteurs (M. le professeur Pierre Duval dans sa leçon inaugurale, M. le professeur agrégé Georges Gross dans son article sur les plaies articulaires de *Chirurgie orthopédique et réparatrice*, entre autres) ont bien voulu rattacher notre nom à l'avènement de cette méthode thérapeutique, dont nous avons par la suite esquissé l'historique et étudié les résultats dans le travail suivant.

Les plaies articulaires du genou traitées par l'arthrotomie et la suture primitive. Aperçu historique; résultats. — *Sud médical et chirurgical*, 15 novembre 1921, p. 2005.

Dans cet article, nous étudions l'évolution de la thérapeutique des plaies articulaires au cours de la guerre, après avoir rappelé comment elle paraissait fixée en 1914, avant l'ouverture des hostilités. A ce moment-là, c'était le dogme de l'abstention qui était presque imposé aux chirurgiens, mais devant les résultats désastreux de cette abstention, la réaction devint vive et sous l'impulsion de la Société de Chirurgie on se mit à débrider et à drainer.

La préoccupation des chirurgiens est de lutter contre l'arthrite soit de façon préventive, soit quand elle est déclarée : c'est la *période de débridement et de drainage.*

La *seconde période* est caractérisée par l'application aux plaies articulaires de la désinfection continue par la *méthode de Carrel.*

La *troisième période* est celle de *l'arthrotomie systématique de désinfection suivie de suture immédiate.* Le travail principal qui a préparé cette période est celui de Delore et Kocher paru dans *La Presse médicale* du 25 novembre 1915. Ces auteurs préconisent l'arthrotomie large exploratrice, avec nettoyage et hémostase minutieuse de la synoviale, suivie de la suture totale ou subtotale de la synoviale ou de la résection d'emblée. Cette technique est encore imparfaite puisque la suture est limitée à la synoviale, faisant une simple exclusion de celle-ci, et ne s'applique pas aux plans superficiels ; de plus, l'épluchage de la plaie est imparfait.

Notre mémoire de juin 1916 préconisant l'arthrotomie systématique et la suture primitive des plaies articulaires est le premier en date sur un tel sujet. Par la suite, diverses communications à la Société de Chirurgie ou à diverses réunions interalliées n'ont roulé que sur des détails de techniques, sur les meilleures incisions et sur les soins consécutifs. A ce sujet, la mobilisation active et précoce préconisée par Willems a constitué un très grand progrès.

Les *résultats immédiats* de l'arthrotomie idéale suivie de suture primitive ont marqué aussitôt le progrès énorme réalisé par cette méthode.

Les chiffres les plus démonstratifs ont été fournis par Depage dans le tableau suivant :

	1re PÉRIODE (Drainage) 29 plaies p. 100	2e PÉRIODE (Carrel) 32 plaies p. 100	3e PÉRIODE (Fermeture) 22 plaies p. 100
Guérison avec restitution des mouvements	24	46	86
Suppurations du genou	68	28	4
Ankyloses avec ou sans résection	37	18	13
Amputations de la cuisse	34	15	0
Morts	13	3	0

La suture primitive après l'arthrotomie idéale a permis la conservation de la vie de presque tous les blessés du genou et elle a permis la conservation du membre. Elle constituerait donc un très grand progrès, même si elle ne présentait pas d'autres avantages.

Or, l'étude des *résultats fonctionnels tardifs* montre que ceux-ci sont excellents dans la majorité des cas, si l'opération a été correctement faite et si les suites opératoires ont été soigneusement surveillées. L'étude de ces résultats montre que leur qualité est liée : 1° *à la variété anatomique de la plaie*, l'existence de lésions osseuses la diminuant; 2° qu'elle est liée *à la méthode d'arthrotomie employée* — c'est ainsi que l'arthrotomie en U est particulièrement mauvaise à ce point de vue; 3° qu'elle est encore liée *à la valeur des soins post-opératoires*. Il faut proscrire l'immobilisation dans un appareil plâtré et recourir à la mobilisation immédiate et active à la manière de Willems.

Sur le traitement chirurgical primitif des plaies articulaires et en particulier des plaies pénétrantes du genou. — *Comptes rendus des séances de la Réunion médicale de la 2e Armée roumaine*, novembre 1917. Tipografia H. Margulius, Fiu, Bacău, 1918.

Travail de vulgarisation, sur le front roumain, de la méthode de suture primitive des plaies articulaires devenue générale sur le front français.

Nous relatons les résultats des interventions pratiquées suivant cette méthode à l'ambulance de la 3e division roumaine (hôpital Regina Maria n° 2, de Caiûtz) par nos confrères roumains, français et par nous-même.

Sur 34 arthrotomies suivies de nettoyage et de suture primitive, nous comptons 30 bons résultats, 3 ankyloses et 1 arthrite dont l'évolution terminale n'est pas connue.

Dans ce travail, nous comblons la lacune de notre mémoire de juin 1916 à la Société de Chirurgie sur le même sujet, constituée par l'absence d'examen bactériologique des plaies articulaires avant leur suture.

Des examens ont été pratiqués en juillet, août et septembre 1916 chez nos opérés de l'auto-chir 12, par les soins de M. le

Dr Courcoux, avec les résultats suivants : les ensemencements de liquide synovial, des produits de curettage osseux, ont donné des *cultures très riches* en anaérobies, presque toujours du *type perfringens*, et cela chez des blessés arrivés dix heures environ après la blessure et chez qui la guérison a été la règle après arthrotomie, nettoyage et suture.

Plaie de l'articulation du genou par arme à feu. (En collaboration avec le Dr Nard.) — Communication à la *Société Anatomo-Clinique de Bordeaux*, 4 avril 1921.

C'est un exemple de l'application à la pratique civile de la technique de suture primitive des plaies articulaires. Il s'agit d'un accident de chasse.

Sur le rôle des lésions vasculaires dans l'apparition de la gangrène gazeuse. — *Société de Médecine et de Chirurgie de Bordeaux*, 30 octobre 1925; in *Gaz. hebdom. des sciences méd. de Bordeaux*, novembre 1925.

L'influence des ligatures vasculaires sur la gangrène gazeuse expérimentale. (En collaboration avec M. le professeur agrégé Dupérié.) — Communication à l'*Académie des Sciences*, lue par M. le professeur Vincent, le 15 février 1926.

Les lésions vasculaires dans leurs rapports avec la gangrène gazeuse (étude clinique et expérimentale). — Imprimerie de l'Université, Bordeaux, 1926. Mémoire de 167 pages, avec 2 planches et 5 tableaux synoptiques, présenté à l'examen d'aptitude aux fonctions d'agrégé de 1926.

La gangrène gazeuse, plus fréquemment observée en chirurgie de guerre qu'en pratique civile, est due à la pullulation dans les tissus de microbes anaérobies spéciaux, d'origine tellurique, du groupe des *Bacilles perfringens*, *Œdematiens*, *du Vibrion septique*.

Pour se développer dans les tissus, ces microbes ont besoin de rencontrer des conditions locales favorables, des causes favorisantes.

Parmi celles-ci, assez bien connues depuis la vaste expérience de la guerre, le rôle joué par certains troubles circulatoires, par les *lésions vasculaires* en particulier, ne nous a pas paru apprécié par tous comme il convient.

C'est ce qui nous a incité à les étudier plus complètement.

Que voit-on, en effet, quand on étudie l'*historique* de la question ?

C'est qu'il existe une période à peu près blanche qui va jusqu'en 1914, où on n'a guère soupçonné qu'une relation pouvait exister entre la plaie des vaisseaux, d'une part, et la gangrène gazeuse, d'autre part, et que cette notion n'a commencé à prendre corps que tardivement au cours de la guerre.

Cette relation est mentionnée dans quelques communications, mais on chercherait en vain dans la littérature médicale une étude complète de cette question. C'est cette lacune que nous avons voulu combler.

Ce travail est basé sur les faits épars dans la littérature médicale, sur nos observations personnelles recueillies au cours de la guerre et au nombre de 60, enfin sur des observations inédites, plus récentes, provenant du Maroc et dues à l'amabilité de M. Lacaze, chirurgien des hôpitaux militaires.

Quant à la partie expérimentale, elle comporte principalement des recherches personnelles.

Nous étudions successivement les *faits cliniques*, les *faits expérimentaux* et nous en dégageons ensuite les *déductions théoriques ou pratiques*.

La fréquence des lésions vasculaires dans les plaies compliquées de gangrène gazeuse. — Des chiffres sont nécessaires pour l'exprimer. La fréquence absolue est donnée par la statistique globale portant sur l'ensemble de la guerre. Nous avons réuni 711 cas de gangrène gazeuse, comportant 216 fois une lésion vasculaire indubitable, ce qui donne un pourcentage de 30 %.

Les plaies compliquées de gangrène gazeuse comportent donc une plaie des vaisseaux dans un tiers des cas environ, ce qui constitue une proportion six fois plus forte que pour l'ensemble des plaies graves considérées en général, comme il ressort des statistiques comparatives que nous avons établies.

Mais ce n'est pas tout; notre statistique personnelle montre avec évidence que le *pourcentage des lésions vasculaires dans les cas de gangrène gazeuse s'accroît avec les progrès de la thérapeutique préventive.*

C'est ainsi qu'on voit le pourcentage passer successivement de 20 % à 40 %, à 60 % et même à 70 % suivant les périodes de la guerre envisagées.

Comment s'explique ce fait, d'apparence paradoxale? C'est que plus le traitement prophylactique de l'infection des plaies se montre efficace, grâce à l'emploi des méthodes chirurgicales seules d'abord et à l'emploi associé de la sérothérapie ensuite, plus sont éliminées les causes secondaires, accessoires, de l'éclosion de la gangrène gazeuse.

Celle-ci se fait alors plus rare et elle n'apparaît plus que si existent des causes favorisantes primordiales particulièrement efficientes, comme la lésion vasculaire, la plaie artérielle.

L'importance étiologique de la lésion vasculaire est telle, dans ce cas, qu'elle joue encore son rôle, malgré l'emploi de moyens particulièrement efficaces en d'autres circonstances.

Étude anatomo-pathologique. — La lésion isolée des veines, même des plus grosses, ne semble pas favoriser l'éclosion de la gangrène gazeuse. Dans notre statistique, portant sur 140 observations, la lésion veineuse seule n'est relevée que 8 fois.

C'est donc la plaie artérielle qui est particulièrement dangereuse dans le cas qui nous occupe, qu'elle soit isolée ou qu'elle soit associée à la lésion simultanée des veines satellites, comme c'est la règle quand il s'agit d'un paquet vasculaire peu volumineux.

Parmi ces plaies artérielles, les plus redoutables comme agents de gangrène gazeuse sont, par ordre décroissant, les lésions de l'artère tibiale postérieure dans sa partie haute, les lésions de l'artère humérale, de l'artère poplitée, de la fémorale, de la tibiale antérieure. Il n'est pas jusqu'aux vaisseaux radiaux, cubitaux et même péroniers qui n'aient pu être incriminés.

Étude clinique. — L'existence d'une lésion artérielle influe sur l'allure de la gangrène gazeuse.

La gangrène gazeuse évoluant sur un membre présentant une plaie artérielle *ne revêt presque jamais la forme généralisée diffuse*, ni *la forme localisée phlegmoneuse* connue sous le nom de *phlegmon gazeux*.

Elle revêt le plus souvent *la forme massive* et, suivant l'importance du tronc lésé, nous aurons soit une *forme massive* étendue à tout le segment de membre sous-jacent, soit parfois une *forme massive* également, mais *localisée* à une région anatomique telle que la loge antérieure de la jambe dans le cas de lésion isolée de l'artère tibiale antérieure.

Dans l'allure de telles gangrènes gazeuses, un fait mérite d'être retenu, c'est que le processus gangreneux évolue avec grande rapidité sur tout le segment de membre ischémié, au-dessous de la lésion artérielle, et que, par contre, son extension se ralentit, subit un temps d'arrêt très net au moment où il atteint la zone bien irriguée, à la hauteur de la plaie artérielle.

Ce temps d'arrêt doit être mis à profit par le chirurgien pour instituer une thérapeutique active; il explique sans doute aussi le pronostic vital un peu moins grave de cette variété de gangrène gazeuse.

Suivant la rapidité d'apparition de la gangrène gazeuse, après la blessure, après nettoyage de la plaie ou au cours de son évolution ultérieure, on peut distinguer une forme de gangrène primitive, une forme secondaire et enfin une forme à début tardif.

Étude expérimentale. — L'expérimentation apporte un appoint précieux à cette étude en venant confirmer, étayer la plupart des points déjà cliniquement établis.

Nos expériences, effectuées dans le laboratoire et avec la collaboration de M. le professeur agrégé Dupérié [1], ont porté

[1] Communication à l'Académie des Sciences.

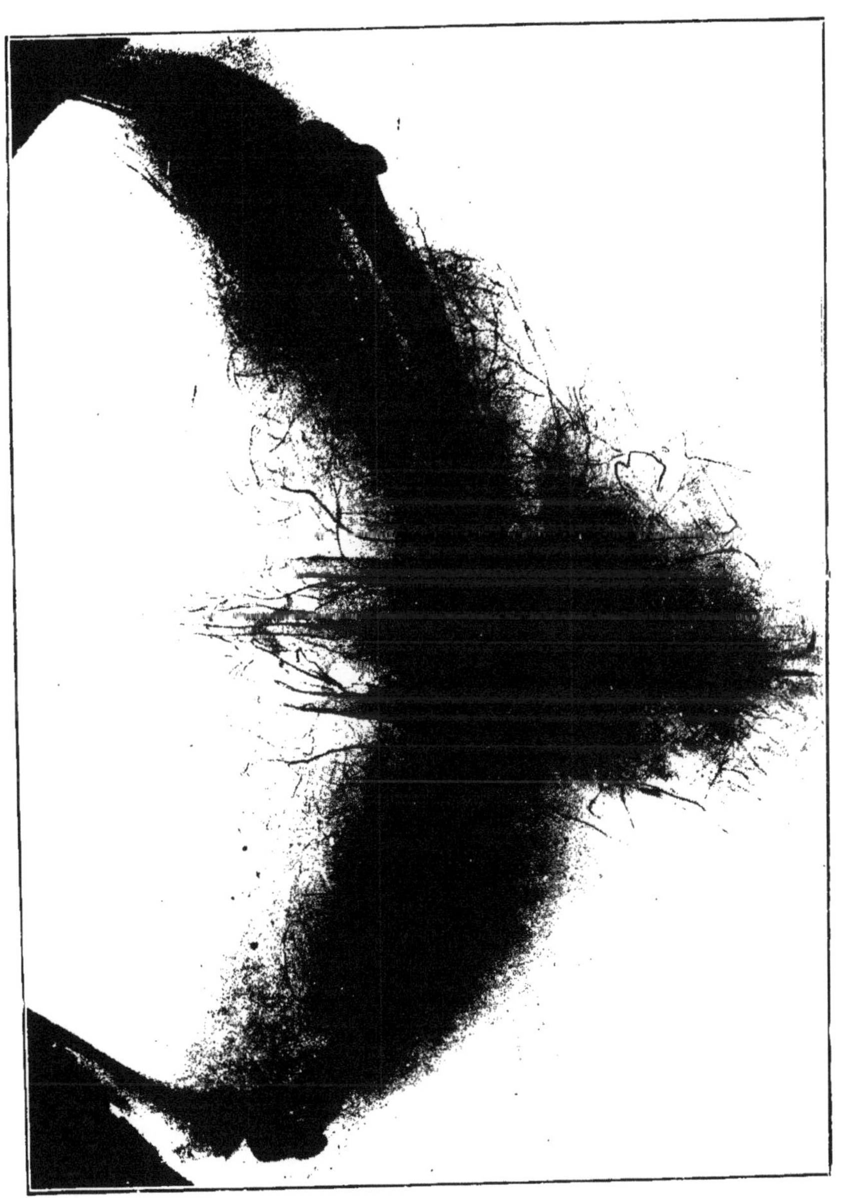

La circulation artérielle dans le membre inférieur gauche du lapin
après la ligature de l'artère fémorale.
Injection intra-aortique de minium en suspension liquide.

A.

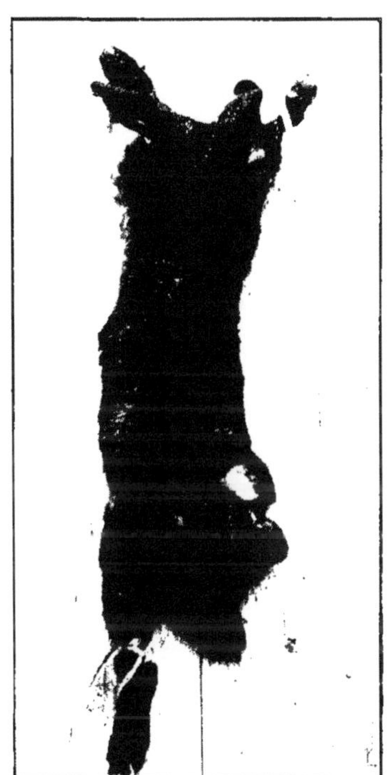

B.

Gangrène gazeuse massive du membre inférieur gauche, après ligature de l'artère fémorale et injection intra-musculaire de *B. perfringens*. Le membre, mortifié, est en voie d'élimination spontanée. Photographie prise au bout de dix jours pour le lapin *A.*, le tibia dénudé fait saillie au dehors; au bout de un mois pour le lapin *B.*, la guérison spontanée est presque complète mais l'occlusion du moignon est gênée par la présence du fémur necrosé et non détaché.

sur l'effet des ligatures et complètent celles instituées déjà par d'autres auteurs, entre autres par Sacquépée, qui a vérifié l'effet du garrot et de l'hématome, et par Vincent et Stodel, qui ont recherché l'effet du broiement.

Voici les résultats obtenus, après ligature artérielle immédiate ou retardée, et après ligature de l'artère et de la veine, alors que l'animal, le lapin, résiste bien à l'infection par le *B. perfringens* si l'injection est faite, sans aucun artifice, dans les muscles de la cuisse.

Si l'on fait au préalable la ligature de l'artère fémorale, on provoque des accidents de gangrène gazeuse massive du membre inférieur qui, dans certains cas, amènent la mort rapide de l'animal, mais qui, dans d'autres cas, se bornent à la mortification totale du membre, suivie de son élimination spontanée.

Ces accidents se constatent alors que la même dose de culture et même des doses bien supérieures sont inopérantes chez l'animal témoin.

Nous avons varié les expériences en établissant la comparaison sur le même animal. Après inoculation des deux membres inférieurs en un point symétrique, l'un des deux seulement ayant subi la ligature de l'artère, les accidents provoqués sont incomparablement plus marqués du côté de la ligature, même en ce qui concerne la survivance microbienne dans les tissus.

D'expériences comparatives faites sur l'effet du broiement musculaire d'un côté et sur celui de la ligature artérielle d'autre part, il ressort que la ligature est peut-être moins efficace que l'attrition musculaire pour réveiller une infection latente.

Si l'on compare l'action de la *ligature artérielle seule* et celle de la ligature simultanée de l'artère et de la veine, on voit que *les accidents sont manifestement moins violents si la veine est liée en même temps que l'artère*, et cela permet de faire un rapprochement avec ce que l'on sait déjà sur l'action des ligatures simultanées de l'artère et de la veine pour la production de l'ischémie des tissus et de la gangrène ischémique simple.

Étude pathogénique. — Ces divers faits cliniques et expérimentaux viennent apporter une confirmation de plus à l'idée émise par M. Gaudier, dès 1916, que dans l'évolution des complications des plaies de guerre, *le microbe est bien peu de chose et que le terrain est presque tout.*

Sans doute la gangrène gazeuse demande, pour se développer, une infection préalable par des microbes spéciaux, mais ce développement microbien ne se fera que si les tissus sont diminués dans leur vitalité par le traumatisme et, bien plus encore, si les tissus sont anémiés par une lésion artérielle.

Comment les choses se passent-elles chez un blessé? Toute plaie contuse et souillée (type de la plaie de guerre) présentera une infection gangreneuse si elle est abandonnée à elle-même. Mais cette infection a des chances de rester superficielle si les tissus voisins, bien irrigués, se défendent. Si, au contraire, ceux-ci sont en état d'ischémie même légère, ils offrent un terrain de choix à la diffusion du processus gangréneux.

On peut donc dire que *si la contusion des lèvres de la plaie favorise l'éclosion de la gangrène gazeuse, la diminution de la circulation artérielle favorise plutôt sa diffusion.*

Aussi certaines régions de l'organisme ne voient guère leurs plaies se compliquer de gangrène gazeuse; on sait fort bien que la tête, le cou, le tronc et même, au niveau des membres les parties terminales, la main et le pied, ne sont qu'exceptionnellement le siège primitif d'une gangrène gazeuse.

Tout simplement, pensons-nous, parce que ces diverses régions possèdent une riche circulation artérielle, assurée par de nombreux troncs richement anastomosés, parfois même par inosculation. Ce sont des régions où l'ischémie traumatique est bien peu marquée et où, dans ces conditions, la gangrène gazeuse ne saurait évoluer facilement.

Considérations thérapeutiques. — La plupart des faits groupés dans ce chapitre sont déjà connus, nous avons surtout cherché à leur donner une base plus scientifique.

En présence d'une plaie susceptible de se compliquer de gangrène gazeuse, le chirurgien devra s'abstenir de tout ce qui peut apporter une atteinte nouvelle à la nutrition sanguine des tissus.

En cas de plaie artérielle, au cours du nettoyage chirurgical de la plaie, il ménagera les anastomoses restantes, il fera autant que possible la chirurgie conservatrice du tronc lésé, et si la ligature d'un gros tronc artériel ne peut être évitée, il n'hésitera pas à lier aussi la veine correspondante. Enfin, il s'abstiendra presque systématiquement de faire la suture primitive de la plaie.

En agissant ainsi, on évitera presque toujours la gangrène ischémique et surtout on diminuera les chances de voir se développer une gangrène gazeuse.

Si le chirurgien veut associer à l'acte chirurgical la sérothérapie antigangreneuse préventive, ce qui doit être la règle aujourd'hui, la notion de plaie artérielle concomitante comportera des indications spéciales. Les doses de sérum seront doublées, et de plus il sera fait des injections au sein même des muscles, tout autour de la plaie.

Enfin, *quand le chirurgien sera en face d'une gangrène gazeuse déclarée*, la notion de plaie artérielle sera importante à connaître, car elle signifie l'échec des thérapeutiques trop timides. Si la gangrène est limitée à un territoire artériel défini, comme la loge antérieure de la jambe, le simple évidement de cette loge suffira souvent à guérir le malade. Mais si, par contre, il s'agit d'une gangrène gazeuse massive frappant tout un segment de membre, comme c'est la règle, seule une amputation opportune permettra souvent de sauver la vie du blessé.

La gangrène gazeuse d'apparition tardive. (En collaboration avec M. le Dr DE MIOLLIS.) — *Journal de Médecine de Bordeaux*, 10 juillet 1926.

La gangrène gazeuse éclate habituellement dans les heures ou dans les tout premiers jours qui suivent certaines blessures, qu'il s'agisse de plaies de guerre ou de plaies de la pratique civile.

Nous considérons comme étant d'apparition tardive toute

gangrène gazeuse apparaissant au moins huit jours après le traumatisme. Nous avons pu en réunir 31 observations avec début après la blessure allant de huit jours à un an et même plus. La fréquence relative de cette forme peut être évaluée à 2 % environ des cas de gangrène gazeuse.

Étude clinique. — On peut distinguer quelques formes secondaires : 1° *la gangrène gazeuse à rechute*, qui survient longtemps après une première atteinte qui paraissait guérie (nous en avons trouvé 6 cas); 2° *la gangrène gazeuse à début simplement retardé* (16 observations) qui se déclare au cours de l'évolution d'une plaie, avant sa cicatrisation; 3° *la gangrène gazeuse à début tardif* (9 cas) où les accidents gangreneux sont apparus longtemps après la blessure et après sa guérison apparente.

Le pronostic de la gangrène gazeuse d'apparition tardive est grave, la mortalité globale s'élève à 54 %.

Étiologie. — La gangrène gazeuse tardive évolue surtout après des plaies relativement peu importantes, qui parfois ont vite cicatrisé, mais dont l'évolution, dans l'ensemble, a traîné en longueur. Les membres inférieurs sont surtout en cause. Les plaies par éclats divers y prédisposent.

La cause occasionnelle du réveil gangreneux n'est pas toujours la même. Si on a pu incriminer l'état général, la fatigue, le simple surmenage, le plus souvent il s'agit d'une intervention au niveau du foyer traumatique : exploration, extraction de corps étranger, ablation d'esquilles, régularisation de moignon. Mais de toutes les interventions chirurgicales secondaires, celle qui expose le plus à l'apparition de la gangrène gazeuse, c'est la *ligature* d'un tronc artériel important nécessitée par une hémorragie secondaire, la cure d'un hématome, d'un anévrysme.

Pathogénie. — Les agents en cause sont les mêmes que ceux de la gangrène gazeuse ordinaire. Sur 14 cas où il fut procédé à des recherches bactériologiques, toujours on trouva du *B. perfringens*, 9 fois comme seul microbe responsable de l'infection gangreneuse, et 5 fois en association avec d'autres anaérobies. Cela suppose du microbisme latent au niveau des plaies ou des cicatrices en cause.

Ce microbisme latent a été constaté *cliniquement*, et, d'autre part, ***nous l'avons mis en lumière par nos expériences sur l'animal*** qui ont porté sur la persistance dans les tissus du lapin du *B. perfringens*. Nous avons recherché l'effet de l'inoculation simple de culture microbienne et celui de l'inoculation associée à la contusion musculaire, à la ligature artérielle, à l'inclusion de corps étrangers.

Faits cliniques et expérimentaux permettent de mettre en lumière des notions de grande importance.

Si les anaérobies, agents habituels de la gangrène gazeuse, disparaissent dès les premiers jours à la surface des plaies souillées et infectées, ils peuvent persister pendant longtemps dans les plaies profondes et anfractueuses, à plus forte raison dans les plaies rapidement fermées.

Leurs conditions les meilleures de persistance en microbisme latent semblent être réalisées dans le cas de projectiles souillés enfouis dans les tissus, sans lésions concomitantes graves musculaires ou artérielles. Le projectile s'enkyste dans les tissus et les anaérobies qu'il renferme conservent leur vitalité (sans doute sous la forme sporulée) et sont susceptibles de provoquer une infection gangréneuse tardive, sous l'influence de l'une des causes occasionnelles que nous avons énoncées. Le temps écoulé n'entre pas toujours en ligne de compte, puisque dans un des cas que nous rapportons le réveil de l'infection s'est produit après *neuf ans et demi* (R. Picqué).

Traitement. — Le traitement curatif de cette forme de gangrène gazeuse est le même que celui de la forme habituelle.

Au contraire, la notion de son apparition possible engagera à faire une thérapeutique préventive, qui comprendra : 1° des précautions opératoires spéciales : extraction précoce des corps étrangers, respect de la vitalité des tissus, etc.; 2° l'emploi de la sérothérapie antigangreneuse avant toute intervention secondaire portant sur une plaie douteuse.

Statistique de rachianesthésies. — *In* Thèse de J. FAGOUET, « Les accidents de la rachianesthésie », Bordeaux, avril 1924.

Nous utilisons la méthode de Jonnesco, étudiée chez l'auteur lui-même, et qui consiste à faire la ponction rachidienne et l'injection anesthésiante plus ou moins haut sur la colonne vertébrale, suivant le niveau où doit remonter l'anesthésie, ponction lombaire, ponction dorsale basse, ponction dorsale haute et même ponction cervicale (4 fois). Généralement nous n'utilisons que les ponctions lombaires et dorsales basses, n'usant guère de la rachianesthésie pour les interventions sus-diaphragmatiques.

Sur 305 rachianesthésies, 161 ont été faites en Roumanie en utilisant la stovaïne-strychnine; les autres sont de la pratique civile et faites avec la novocaïne pure (syncaïne, scurocaïne, etc.).

Nous comptons des anesthésies insuffisantes dans la proportion de 1 sur 20 environ.

Les accidents immédiats ont été graves ou légers : graves, ils sont au nombre de deux, un malade en anémie aiguë et un autre très affaibli par une occlusion intestinale de quatre jours sont morts peu après l'intervention; les accidents légers, tendance à la lipothymie, pâleur, nausées, deviennent de plus en plus rares, à la faveur de l'expérience.

Les accidents consécutifs ont toujours été peu sérieux et ont consisté en céphalée, rétention passagère d'urine.

Les contre-indications absolues de la rachianesthésie sont pour nous : l'anémie aiguë par hémorragie, la dépression par cachexie, diathèse ou toxi-infection.

Les indications restent nombreuses, en particulier les opérations portant sur l'anus, le périnée, les membres inférieurs et toutes les opérations abdominales qui ne nécessitent pas la position renversée de Trendelenburg.

La valeur curative de la radio- et radiumthérapie dans les cancers, peau exceptée. - Question à l'ordre du jour de la *Société de Médecine et de Chirurgie de Bordeaux*, séance du 21 décembre 1923; in *Gaz. hebdom. des sciences méd. de Bordeaux*, 27 janvier 1924, p. 60.

Les cas observés personnellement où nous avons pu constater l'action des radiations sont principalement des cas graves, inopérables parfois, ce qui empêche de les mettre en parallèle avec ceux traités par les seules méthodes chirurgicales.

1° Deux observations concernent des tumeurs (un carcinome du sein, un épithélioma de l'utérus) qui ont dû être traitées par l'extirpation large après échec du traitement radiant;

2° Dans une deuxième catégorie, nous plaçons les tumeurs qui ont été traitées par l'extirpation chirurgicale et la radiumthérapie complémentaire.

Deux cancers du plancher de la bouche sont guéris, l'un depuis deux mois seulement, l'autre depuis dix-huit mois.

Deux cancers du col utérin restent guéris après trois ans pour l'un et quatorze mois pour l'autre;

3° Dans la troisième catégorie sont les tumeurs inopérables traitées par les radiations et parfois en même temps par des opérations palliatives.

Un lymphosarcome primitif du cou reste guéri quinze mois après cessation de la radiothérapie.

Dix cas de cancer du col de l'utérus donnent quatre morts assez lentes (de huit à dix-huit mois), quatre récidives dont deux tardives, deux survies sans récidives après neuf mois et après deux ans et trois mois.

Ce sont là des résultats intéressants à l'actif de la radio- et radiumthérapie, le diagnostic ayant toujours été contrôlé par l'examen histologique.

Statistique d'opérations pour plaies de guerre, dans le Mémoire de M. Georges Gross : Fonctionnement de l'ambulance chirurgicale automobile n° 12 pendant la bataille de Verdun. — *Archives de médecine et de pharmacie militaires*, octobre 1916.

L'article de M. Gross est basé sur 2.557 observations de grands blessés opérés; le quart environ de ces observations a été fourni par nous-même en notre qualité de chirurgien-chef d'équipe à l'Auto-Chir 12.

L'auteur, après avoir exposé la technique générale utilisée dans la formation pour le traitement des plaies, insiste particulièrement sur les techniques spéciales à chaque variété de lésions et sur les résultats obtenus.

Nous ne retiendrons de cet exposé minutieux et détaillé tiré du bloc anonyme des observations de tous les chirurgiens de l'Auto-Chir que les résultats du traitement des plaies articulaires par notre technique adoptée par tous les chefs d'équipe, résultats que M. Gross qualifie d'« absolument magnifiques ».

Il est fait mention spéciale, au chapitre des plaies de l'abdomen, d'un de nos opérés qui guérit, malgré dix perforations de l'intestin grêle.

Sur un cas de malformations familiales. Séro-diagnostic de Wassermann. (En collaboration avec M. le professeur RIVIÈRE.) — *Société de Médecine et de Chirurgie de Bordeaux*, 15 janvier 1909.

Un enfant, né au huitième mois de la grossesse, a survécu vingt-quatre heures, malgré une malformation grave du crâne avec *hydrocéphalie et anencéphalie*. La matière nerveuse intra-cranienne est réduite à un nodule informe du volume d'une noix.

D'autres enfants de la même famille présentent des malformations diverses et le séro-diagnostic de Wassermann, connu depuis peu à cette période, permet d'incriminer la syphilis des parents.

Adénome kystique des glandes sudoripares circum-anales. (En collaboration avec le Dr FLYE SAINTE-MARIE.) — *Société de Biologie*, 13 juin 1922.

Dans ce travail du laboratoire d'anatomie générale et d'histologie de la Faculté de médecine de Bordeaux, nous donnons les étapes du diagnostic microscopique précis et raisonné d'une tumeur particulièrement rare des glandes sudoripares de la marge de l'anus. L'observation en est rapportée dans la thèse que nous avons inspirée au Dr Ducau-Martin (Thèse de Bordeaux, 1922).

L'un de nous a extirpé chez une patiente de quarante ans une tumeur grosse comme une noix, d'apparence kystique et dont la poche était rompue, située sur la marge de l'anus. Aucun diagnostic clinique précis n'était possible. Le diagnostic microscopique était lui-même difficile, en raison de l'absence d'observations antérieures semblables. Cependant l'analyse systématique des coupes a conduit à un diagnostic raisonné et sans laisser place au doute. Il s'agit d'un adénome kystique (ou cysto-adénome) des glandes sudoripares particulières et peu connues siégeant dans la zone cutanée de l'anus.

Il y a dans la tumeur deux groupes d'éléments assez distincts : l'un formé par des tubes revêtus par un épithélium à deux couches, la couche interne formée de cellules cubiques, cylindriques par endroit, relativement claires: l'autre, typique, où se rencontrent, contre une vitrée à la fois collagène et élastique, deux assises de cellules superposées. La plus externe est formée de cellules *myo-épithéliales*, l'interne, de cellules cubiques hautes, bordées par une cuticule épaisse.

Ces deux groupes d'éléments relèvent, le premier de la prolifération de la *portion sécrétrice*, le second de celle de la *portion excrétrice* de glandes sudoripares. La conviction que cette partie de la tumeur, vraiment caractéristique, est développée aux dépens des tubes excréteurs d'une glande sudoripare est basée sur la présence : *de la vitrée à fibres élastiques* des glandes sudoripares (Nicolas et Favre), des *cellules myo-épithéliales* du tube excréteur de ces mêmes glandes (Ranvier et Renaut), *des cellules épithéliales à cuticule* bordant le pôle apical.

Cependant, cette tumeur diffère considérablement des adénomes sudoripares que l'on rencontre sur la surface cutanée. Cela tient vraisemblablement à ce qu'elle tire son origine de glandes sudoripares spéciales, dites glandes de Gay ou glandes circum-anales, de fort volume, à lumière large et à tube sécréteur à peine pelotonné.

Traitement de l'anthrax par l'extirpation systématique. — Trois observations dans la Thèse de J. Rives, Bordeaux, 1920.

TÊTE ET COU

L'extirpation du ganglion de Gasser peut guérir la névralgie rebelle du trijumeau, même après échec de la neurotomie rétro-gassérienne. — *Congrès français de Chirurgie*, octobre 1923.

Contre la névralgie rebelle du trijumeau, la meilleure intervention actuelle est la neurotomie rétro-gassérienne qui est plus bénigne dans ses suites que l'extirpation du ganglion de Gasser. Cependant, même entre les mains les plus exercées, cette opération a été parfois suivie d'échec, les crises douloureuses ayant persisté ou ayant reparu rapidement.

Sans discuter les causes probables de ces échecs, l'expérience montre que dans ces cas il ne faut pas désespérer de la guérison et qu'avant de penser à une lésion des centres nerveux absolument hors de notre atteinte, nous avons encore la ressource de tenter la gassérectomie.

Shermann a déjà guéri ainsi une névralgie récidivée trois mois après la neurotomie.

Nous publions un cas personnel à peu près comparable. Chez un homme de quarante-sept ans, atteint de névralgie du trijumeau rebelle aux diverses médications ainsi qu'à l'alcoolisation des nerfs, nous pratiquons la neurotomie rétro-gassérienne qui, malgré l'anesthésie consécutive de tout le territoire du nerf, ne produit qu'une atténuation des crises douloureuses.

Douze jours après, nous intervenons de nouveau et nous pratiquons cette fois l'extirpation du ganglion de Gasser. La guérison des phénomènes douloureux a été immédiate et définitive.

Foyer d'infection gazeuse de l'encéphale consécutif à une plaie pénétrante du crâne. (En collaboration avec MM. les Drs G. Rioux et J. Magendie.) — *Société Anatomo-Clinique de Bordeaux*, 10 mai 1926; in *Journal de Médecine de Bordeaux*, 10-25 août 1926, p. 647.

Parmi les très nombreux cas de gangrène gazeuse, de phlegmons gazeux, de plaies graves avec gaz, qui ont été publiés jusqu'à ce jour, en particulier pendant et après la guerre, la localisation au niveau des membres est la règle; la localisation au tronc, au cou ou à la tête est l'exception.

La littérature ne rapporte pas d'observation nette d'infection gazeuse intracranienne. Devant cette rareté des infections gazeuses à anaérobie de la tête, nous avons jugé intéressant de publier l'histoire d'un petit malade qui a présenté des phénomènes de méningo-encéphalite gazeuse à anaérobies.

Il s'agit d'un enfant de deux ans atteint d'un traumatisme cranien au sujet duquel on a peu de renseignements et qui a été négligé au début. Au bout de vingt-quatre heures sont apparus des vomissements, de la fièvre et de la torpeur qui ont justifié l'envoi à l'hôpital des Enfants, quarante-huit heures après la blessure.

L'enfant présentait les signes d'une méningo-encéphalite grave; sur la région occipito-pariétale gauche, une petite plaie contuse arrondie laissait sourdre des caillots noirâtres extrêmement fétides. Le liquide était hématique et en hypertension.

L'intervention immédiate a permis de mettre en évidence une perforation cranienne, comme à l'emporte-pièce, par où fait issue une bouillie cérébrale rougeâtre, répandant une odeur infecte, et, après élargissement de l'orifice, un foyer d'infection gazeuse de l'encéphale contenant des cheveux, des lambeaux cutanés entraînés par l'agent traumatisant. Les tissus avoisinants sont infiltrés de bulles de gaz.

L'enfant n'a survécu qu'une heure à l'intervention.

Le point intéressant de l'observation consiste en ce que le liquide céphalo-rachidien retiré par ponction lombaire contenait un bacille anaérobie du type *perfringens*, identifié par M. le professeur agrégé Dupérié.

Sur un cas de contusion mortelle du cerveau, sans fracture du crâne. (En collaboration avec le Dr Nard.) — *Société Anatomo-Clinique de Bordeaux*, 17 janvier 1921.

Chez un homme de trente-six ans, tombé sur la tête d'une hauteur de 4 mètres, le coma immédiat, l'hémicontracture rapide sans signes de fracture du crâne et sans ralentissement du pouls ont permis de porter le diagnostic de commotion et de contusion cérébrale du côté droit. Le liquide céphalo-rachidien, extrait par ponction lombaire, est à peine teinté de sang. Toute opération est jugée inutile. Mort quarante heures après l'accident.

L'autopsie a permis de vérifier qu'il n'y avait pas de fracture et qu'il existait un foyer de contusion destructive, du volume d'une noix, à la base de l'hémisphère droit. La capsule interne et une partie du noyau lenticulaire étaient détruits.

Mastoïdite tuberculeuse, avec thrombose du sinus latéral. (En collaboration avec M. le professeur Princeteau.) — *Société d'Anatomie et de Physiologie de Bordeaux*, 6 janvier 1908.

L'intérêt de cette observation réside dans la rareté relative de la mastoïdite tuberculeuse et surtout dans le fait que dans le cours de l'affection qui a amené la mort au bout de dix mois, il s'est développé au voisinage de l'os malade une pachyméningite externe caséeuse.

Cette pachyméningite, semblable à celle qui se produit dans le rachis au niveau d'un mal de Pott, a évolué de façon sourde, sans signes particuliers, pour se révéler tardivement par des phénomènes graves, alors que l'intervention curative ne pouvait être complète, les lésions étant trop étendues.

Un cas de sarcome congénital de la langue. (En collaboration avec le Dr Pierre Petit.) — *Société Anatomo-Clinique de Bordeaux*, 27 novembre 1922.

Les classiques ne signalent que deux observations de *sarcome congénital* (dans toute l'acception du terme), celles de

Jacobi et de Delbanco, sur une cinquantaine de cas publiés de sarcome de la langue.

La rareté d'une telle tumeur est donc extrême, ce qui justifie sa publication.

Cette tumeur avait déjà le volume d'un pois dix jours après la naissance; elle était de la grosseur d'une petite noix lorsqu'elle fut extirpée au onzième mois.

Elle est constituée par un tissu d'aspect général sarcomateux, à éléments surtout fusiformes; dans certains points, on est surpris de rencontrer quelques fibres musculaires striées.

On doit la dénommer : *tumeur très atypique, d'aspect sarcomateux.* Les fibres musculaires qu'elle renferme doivent être considérées comme des fibres de la langue englobées par la tumeur, elles sont bien conservées et ne sauraient faire penser à un rhabdomyome.

Les sarcomes musculaires ont une fâcheuse réputation au sujet de leurs récidives; une exception doit être faite pour la langue, où les deux tiers des opérés resteraient guéris. On peut donc espérer avoir un excellent résultat éloigné chez la petite fille qui fait l'objet de cette communication.

Cancer de la langue et du plancher de la bouche. Opération en deux temps. Radiumthérapie complémentaire. Guérison maintenue depuis neuf mois (présentation de malade). — *Société de Médecine et de Chirurgie de Bordeaux*, 23 mars 1923. (En collaboration avec M. R. Denis.)

Chez un homme de soixante-trois ans porteur d'un épithélioma baso-cellulaire à évolution rapide du frein de la langue et de tout le plancher de la bouche avec adénopathie bilatérale du cou, nous avons pratiqué :

1° L'évidement ganglionnaire des régions sous-maxillaire et carotidienne, des deux côtés, et la ligature des deux carotides externes;

2° En un second temps, nous avons fait l'extirpation par la voie buccale de la tumeur et des parties molles avoisinantes.

Le malade guérit, malgré le sphacèle de la moitié antérieure de la partie restante de la langue.

Une application complémentaire de radium est faite pour plus de sécurité, et après cette thérapeutique complète le malade est sans récidive au bout de neuf mois.

Le second temps de l'opération a été pratiqué sous anesthésie rachidienne haute par ponction au-dessous de la troisième cervicale, selon la méthode de Jonnesco. Cette rachianesthésie haute trouve son indication dans les opérations graves sur le cou et sur la face, où l'anesthésie générale ne peut être mise en œuvre.

Cancer de la lèvre chez un homme guéri d'un cancer de la langue et du plancher de la bouche. (En collaboration avec M. Lescale.) — *Société de Médecine et de Chirurgie de Bordeaux*, 26 décembre 1924; in *Gaz. hebdom. des sciences méd. de Bordeaux*, 1er février 1925, p. 74.

Il s'agit du malade de l'observation précédente qui reste guéri de son intervention pour cancer de la langue et du plancher de la bouche après deux ans et six mois. Il convient de noter cependant qu'une récidive ganglionnaire sus-claviculaire gauche a dû être extirpée en janvier 1924.

Ce malade, qui paraît cliniquement guéri de son cancer bucco-lingual, a présenté en septembre 1924 un nouveau cancer de la lèvre inférieure du côté droit. Nous l'avons opéré pour cette nouvelle tumeur le 29 octobre suivant : extirpation sous anesthésie locale.

Il semble bien qu'il s'agit ici d'un nouveau cancer et non d'une récidive ou d'une greffe du premier cancer opéré depuis plus de deux ans. La nature histologique des deux tumeurs est sensiblement différente : tandis que l'épithélioma du plancher de la bouche était baso-cellulaire, celui de la lèvre est spino-cellulaire.

Sarcome polymorphe suppuré du corps thyroïde. (En collaboration avec M. le professeur Chavannaz.) — *Journal de Médecine de Bordeaux*, 1er mars 1914.

Cette observation est particulièrement intéressante par la rareté extrême de la suppuration dans les néoplasmes malins du corps thyroïde et par l'évolution aiguë de la tumeur, à la façon d'une simple inflammation.

Il s'agit d'une femme de soixante et un ans, atteinte depuis plus de trente ans d'un goître du volume d'une noix, qui a vu la tumeur grossir rapidement, occasionner des douleurs et une élévation thermique. Les pansements humides restant sans effet, la tuméfaction et l'empâtement douloureux augmentant, l'opération fut décidée. L'incision de la tumeur permit d'en recueillir des fragments friables baignant dans le pus.

L'examen histologique (Dr Pierre-Nadal) montra qu'il s'agissait d'un sarcome polymorphe extrêmement proliférant du corps thyroïde, enflammé et suppuré.

L'intervention améliore les signes fonctionnels, mais la tumeur poursuit bientôt sa marche envahissante, gênant la respiration, paralysant les récurrents. La mort survient par syncope trente-cinq jours après l'incision et le débridement de cette tumeur à marche galopante.

THORAX, COLONNE VERTÉBRALE, BASSIN

Sur un cas de syphilis tertiaire du sein et des ganglions du cou. (En collaboration avec M. le professeur Chavannaz.) — *Société de Médecine et de Chirurgie de Bordeaux*, 18 juillet 1913.

Chez une jeune femme de vingt-cinq ans, la nature syphilitique de deux tumeurs du sein, accompagnées de volumineuse adénopathie axillaire et cervicale, n'a pu être établie que par l'effet du traitement dit « pierre de touche ».

La forme atypique des lésions, les antécédents de la malade, les phénomènes généraux concomitants, tout semblait pousser à incriminer la tuberculose, malgré une réaction de Wassermann positive. Le traitement mercuriel et ioduré a amené une telle régression des lésions que le diagnostic de syphilis est devenu évident.

Il semble donc que parfois les gommes puissent évoluer du côté du sein avec lenteur, tout en amenant hâtivement un retentissement ganglionnaire. C'est là une notion qui n'est pas classique, l'importance et la précocité de l'adénite axillaire étant données comme caractéristiques de la tuberculose du sein, tandis que dans la syphilis mammaire le retentissement ganglionnaire serait souvent absent, toujours discret et tardif.

Tumeur bénigne d'une glande mammaire surnuméraire. — Observation dans la Thèse inspirée au Dr N. Moreau, Bordeaux. 1922.

Volumineux syphilome de la paroi thoracique. (En collaboration avec le Dr Dufour.) — *Société Anatomo-Clinique de Bordeaux*. 4 décembre 1922.

L'observation rapportée est un exemple de l'aspect très anormal que peuvent prendre les manifestations syphilitiques.

Chez une femme de trente-huit ans, évoluait, avec de violents phénomènes douloureux, une tumeur volumineuse thoraco-axillaire droite. Par son siège, son volume, sa consistance et par les troubles fonctionnels qu'elle occasionnait, cette tumeur avait pu donner le change, dans un hôpital, pour un ostéosarcome du plan osseux costo-claviculaire, considéré comme inopérable.

La nature syphilitique des lésions fut décelée par les antécédents, par la réaction de Wassermann positive et par le résultat du traitement spécifique, sous l'influence duquel la tumeur fondit véritablement.

La syphilis est une « grande simulatrice », et dans la discussion nous rapportons d'autres observations où les lésions revêtaient une forme pseudo-chirurgicale trompeuse : 1° *une gomme des muscles de la jambe*, prise pour un sarcome; 2° *des ulcérations rebelles du cou* qui avaient été traitées comme des adénites tuberculeuses ulcérées; 3° *un syphilome étendu à toute la région temporale* et simulant un ostéosarcome du temporal.

Fistule pleurale consécutive à l'ouverture d'un kyste hydatique suppuré de la plèvre, opération de Schede. Guérison. (En collaboration avec le Dr R. Denis.) — *Société Anatomo-Clinique de Bordeaux*, 17 juillet 1922.

La fistule pleurale, consécutive à l'ouverture d'un kyste hydatique suppuré de la plèvre, n'est pas d'observation fréquente.

Un homme de quarante-huit ans est opéré en 1920 d'un kyste hydatique suppuré de la plèvre droite : thoracotomie avec résection costale. Cicatrisation au bout de huit mois.

Retour des phénomènes infectieux six mois après ouverture spontanée de la cicatrice et fistulisation. La fistule étant étroite, des accidents de rétention purulente apparaissent.

Première opération. Résection costale. Exploration et asséchement de la cavité pleurale. On évacue encore de nombreuses vésicules hydatiques. Irrigation continue au Dakin.

Deuxième opération. La décortication pulmonaire étant impossible, nous utilisons le procédé de Schede pour pouvoir amener les parois de la cavité en contact. Le malade guérit.

La méthode de décortication pulmonaire, qui donne de si beaux résultats dans le traitement des fistules pleurales banales, ne trouve pas d'application favorable dans la cure des fistules liées à l'échinococcose de la plèvre. Nous expliquons l'impossibilité de la décortication par l'action sclérogène du kyste hydatique, qui rend le poumon trop fibreux et lui enlève ainsi sa force d'expansion.

Kyste hydatique latent du poumon. (En collaboration avec M. le Dr Bouzom.) — *Société Anatomo-Clinique de Bordeaux*, 9 mars 1914.

Cardiospasme de l'œsophage. Gastrostomie d'urgence. Dilatation. Guérison. (En collaboration avec M. le Dr Got.) — *Société de Médecine et de Chirurgie de Bordeaux*, 4 mai 1923; *Gaz. hebdom. des sciences méd. de Bordeaux*, 12 août 1923, p. 381.

Un homme de trente-huit ans, dont les antécédents sont assez chargés (fièvre typhoïde, abcès froid vertébral, ostéoarthrite du tarse), a été pris de troubles œsophagiens caractérisés par des vomissements graves ayant entraîné rapidement la cachexie par insuffisance alimentaire. La faiblesse extrême du malade interdisant toute exploration délicate, une gastrostomie d'urgence a été pratiquée, sous anesthésie locale. Alimenté par la bouche gastrique, le malade reprend peu à peu des forces et peut supporter bientôt une séance d'œsophagoscopie. Pas de tumeur ni de rétrécissement vrai; il s'agissait de spasme du cardia, qui fut traité par la dilatation extemporanée, sous le contrôle de la vue. Les séances de dilatation ont pu être continuées par la suite par la méthode ordinaire, jusqu'à guérison complète. L'état général du malade s'est relevé rapidement, l'augmentation de poids atteignant bientôt 28 livres. L'alimentation se fait maintenant par les voies naturelles et on envisage la suppression de la fistule gastrique.

Cependant, sous l'influence de la fatigue causée par le cardiospasme, la lésion bacillaire du pied qui paraissait éteinte, s'est réveillée et s'est fistulisée de nouveau.

Perforation de l'œsophage. Ulcérations de l'estomac et diverticule duodénal. — *Société d'Anatomie et de Physiologie de Bordeaux*, 27 avril 1908.

Plaie thoraco-abdominale par coup de couteau. Plaie de la rate. Thoraco-laparotomie. Guérison. (En collaboration avec le Dr Nard.) — *Société Anatomo-Clinique de Bordeaux*, 13 juin 1921.

L'intérêt de l'observation réside dans l'emploi de la thoraco-laparotomie suivant la direction d'un espace intercostal, à la manière de A. Schwartz et J. Quénu. Cette incision a permis de traiter très aisément les lésions constatées aussi bien du côté de l'abdomen que du côté du thorax.

L'aspiration de l'air du pneumothorax après la suture complète de la plèvre n'est pas indispensable. Chez notre opéré, trois jours après l'opération, la respiration pulmonaire s'entendait sur toute la hauteur du côté lésé.

Sur un cas de hernie diaphragmatique congénitale. (En collaboration avec M. le professeur M. Rivière.) — *Société de Médecine et de Chirurgie de Bordeaux*, 19 février 1909.

Chez un enfant mort au neuvième jour avec des signes d'asphyxie progressive, on constate la présence d'une hernie diaphragmatique droite. Le foie est refoulé à gauche, au-dessus de l'estomac; l'intestin grêle s'est engagé dans la portion intra-thoracique de la hernie.

Il s'agit d'une hernie fœtale. Le sac épais a suffisamment limité la pénétration dans le thorax des viscères abdominaux pour permettre une survie de neuf jours après les premiers mouvements respiratoires. Dans des cas analogues, l'intervention chirurgicale serait, à la rigueur, possible.

Kyste hydatique des muscles du dos. (En collaboration avec le Dr Lartigaut.) — *Société Anatomo-Clinique de Bordeaux*, 2 juin 1913.

Le kyste hydatique se développe parfois dans les muscles; dans sa thèse de 1899, Gros a déjà pu en réunir 150 observations où la localisation au dos ne vient qu'au septième rang dans l'ordre de fréquence.

Celui que nous présentons, développé sur une femme de vingt et un ans, a été diagnostiqué par la ponction exploratrice. L'extirpation totale du kyste avec sa membrane adventive a été suivie de guérison.

Le frémissement hydatique est loin d'être constant dans les kystes musculaires; d'autre part, il n'est pas pathognomonique, puisque nous l'avons mis en évidence dans un épanchement traumatique de sérosité de la région lombaire.

Spina bifida. — *Société d'Anatomie et de Physiologie de Bordeaux*, 14 janvier 1907.

Suites éloignées de deux fractures verticales du bassin. — *Société Anatomo-Clinique de Bordeaux*, 23 novembre 1925; *in* Thèse de Josse, Bordeaux, 1925 : » Contribution à l'étude médico-légale des fractures du bassin », p. 13 et obs. X et XI.

Les fractures complètes du bassin comportent un pronostic vital extrêmement grave, et lorsque la guérison se produit, elle est rarement complète. Il persiste habituellement une impotence plus ou moins marquée et des troubles fonctionnels accentués.

Notre première malade, atteinte de double fracture verticale du bassin avec rupture de la vessie, n'a guéri qu'après avoir subi quatre interventions chirurgicales et n'a pu se tenir debout que six mois après l'accident. Elle conserve un raccourcissement accentué d'un membre inférieur, des raideurs articulaires des hanches qui confinent à l'ankylose, une déviation oblique ovalaire du bassin qui ne permettrait pas un accouchement normal. La consolidation juridique de l'accident n'est obtenue qu'au bout de douze mois, avec une invalidité d'environ 80 %.

Le second malade a présenté une fracture verticale du bassin, sans déplacement, mais avec rupture de l'urètre membraneux. Quatre interventions successives ont été nécessaires pour la réfection de son appareil urinaire. Le malade guérit, mais avec un rétrécissement cicatriciel de l'urètre qu'il doit dilater de façon régulière. Il n'a pu quitter l'hôpital qu'au bout de sept mois, ayant encore des raideurs articulaires. L'invalidité définitive a été évaluée à 47,5 %; la consolidation juridique a été établie onze mois seulement après l'accident.

Les délais de consolidation chirurgicale des fractures de la ceinture pelvienne que les classiques estiment à deux ou trois mois, sont en réalité beaucoup plus longs. On doit les évaluer à cinq ou six mois et, partant, la consolidation juridique demandera de dix mois à un an avant d'être effectuée. On ne saurait trop insister aussi sur l'importance des séquelles, au point de vue médico-légal.

ABDOMEN, TUBE DIGESTIF.

Les tumeurs solides primitives du tissu cellulaire pelvien. (En collaboration avec M. le D[r] Le Boulaire.) — *Sud médical et chirurgical*, 15 mai 1920, p. 1253-1262.

Sous le nom de tumeurs du tissu cellulaire pelvien, nous décrivons les néoplasmes rétro-péritonéaux développés dans le tissu cellulaire du pelvis, qui présentent sans doute des relations anatomiques intimes avec les viscères contenus dans le bassin, organes génitaux, organes urinaires, rectum, mais qui n'ont avec eux et avec la paroi de la cavité que des rapports de contiguïté.

Nous éliminons les inflammations chroniques du tissu cellulaire, les tumeurs primitives des divers organes intra-pelviens, les tumeurs primitives ou secondaires des ganglions de la région et naturellement toutes les affections intra-péritonéales.

Etiologie. — Nous n'avons pu réunir que 13 observations, dont une personnelle; une autre nous est commune avec M. le professeur Chavannaz.

Le sexe féminin est presque exclusivement frappé, 11 fois sur 13: le maximum de fréquence se trouve entre trente et cinquante ans.

Quatre fois les tumeurs sont apparues ou se sont développées pendant la grossesse.

Anatomie pathologique. — Ces tumeurs se développent : 1° *soit dans l'espace pré-vésical ;* 2° *soit à la base du ligament large ;* 3° *soit dans l'espace rétro-rectal.*

Leur volume peut-être assez considérable. La plus volumineuse pesait 7 kilogrammes.

Ces tumeurs s'étendent dans la nappe cellulo-graisseuse du bassin et de là font issue hors de la cavité pelvienne.

Leurs principaux prolongements sont dans les fosses iliaques, vers la paroi abdominale antérieure et même vers le triangle de Scarpa. Vers le bas, elles poussent des prolongements soit dans le périnée antérieur, soit dans le périnée postérieur; elles peuvent même, par le creux ischio-rectal, gagner la région fessière.

La tumeur comprime, refoule ou englobe les divers organes sans les envahir, étant toujours assez nettement encapsulée; les métastases sont exceptionnelles.

Il s'agit surtout de tumeurs du tissu conjonctif et du tissu musculaire lisse : fibromes, myomes, myxomes, lipomes, purs ou mélangés. Deux seulement présentaient un élément malin sarcomateux.

Point de départ. — Leur point de départ est vraisemblablement dans le tissu cellulaire pelvi-sous-péritonéal, qui, comme on le sait, renferme de nombreuses fibres musculaires lisses.

On peut dire que, à côté de deux centres germinatifs déjà connus : l'un périnéphrétique, de beaucoup le plus important, l'autre situé dans la fosse iliaque interne, il y a dans le tissu cellulaire rétro-péritonéal un troisième centre germinatif de tumeurs, dans le pelvis.

Symptômes. — Les tumeurs solides primitives du tissu cellulaire du bassin ont un développement lent et progressif. Elles sont indolores et ne manifestent leur présence que par des phénomènes de compression des organes pelviens : vessie, organes génitaux, rectum.

L'état général des malades n'est touché que tardivement. Le pronostic de l'affection abandonnée à elle-même est grave par la gêne apportée aux fonctions urinaires ou digestives. La dégénérescence maligne est possible.

On peut discerner trois types cliniques principaux correspondant aux variétés topographiques : 1° *les tumeurs prévésicales*, qui déterminent surtout des troubles urinaires; 2° *les tumeurs de la base du ligament large*, qui poussent toujours un prolongement périnéal; 3° *les tumeurs rétro-rectales*, qui déterminent la constipation et qui émettent un prolongement périnéal postérieur et fessier.

Diagnostic. — Le diagnostic est difficile et n'est pas porté en général. La confusion la plus fréquente est faite avec les tumeurs viscérales et avec les hernies périnéales ou vaginales.

Traitement. — Le traitement est exclusivement chirurgical; l'extirpation de la tumeur par énucléation est faite soit par la laparotomie, soit par voie périnéale.

Résultats. — La mortalité opératoire est de 33 %, en comptant les cas de la période pré-aseptique. Les résultats éloignés connus sont favorables.

Sur un cas de perforation d'un diverticule par ulcère gastrique après gastro-entérostomie. (En collaboration avec M. le professeur Chavannaz.) — *Société de Médecine et de Chirurgie de Bordeaux*, 16 janvier 1920.

La gastro-entérostomie ne met pas toujours à l'abri de la perforation d'un ulcère stomacal. Cette perforation peut se produire tardivement; elle peut suivre d'assez près l'intervention, comme dans le cas que nous rapportons, et on peut alors incriminer les tractions subies par l'ulcère au cours de l'opération.

Cet accident est surtout à redouter lorsqu'on opère de vieux ulcères avec périgastrite et surtout ceux qui ont amené la formation d'un diverticule.

Un cas de sténose médio-gastrique d'origine ulcéreuse. (En collaboration avec M. le professeur Creyx.) — *Société de Médecine et de Chirurgie de Bordeaux*, 6 mai 1921.

A propos d'une statistique de chirurgie gastrique. — *Société de Médecine et de Chirurgie de Bordeaux*, 29 février 1924; in *Gaz. hebdom. des sciences méd. de Bordeaux*, 20 avril 1924, p. 247.

D'après notre pratique, les opérations gastriques peuvent être rangées en deux catégories : opérations assez graves et opérations bénignes.

Dans la première catégorie (mortalité non négligeable), nous plaçons les interventions dirigées contre le cancer avancé et contre celui qui a amené une sorte de sténose aiguë du pylore, ainsi que les opérations radicales dirigées contre une variété spéciale d'ulcus, l'ulcus calleux et sténosant situé vers le cardia.

Dans la deuxième catégorie (bénignité presque absolue), nous plaçons les opérations de cancer près du début et surtout les interventions dirigées contre l'ulcus pylorique ou juxta-pylorique et l'ulcus de la petite courbure bas situé. Qu'on agisse par gastro-entérostomie ou par gastro-pylorectomie, le pronostic opératoire est assez bénin. Sur plus de trente opérés, nous n'avons perdu qu'un malade de cette deuxième catégorie, mort de congestion pulmonaire au dixième jour. Les vomissements sont rares après la gastro-entérostomie pour ulcère; on peut souvent se dispenser du lavage d'estomac.

Sur un cas de corps étranger du duodénum. (En collaboration avec MM. Jonchères et Robert.) — *Société Anatomo-Clinique de Bordeaux*, 11 mai 1925; in *Journal de Médecine de Bordeaux*, 25 août 1925, p. 705.

Un enfant de trois ans a avalé une pointe de 5 centimètres de longueur qui, à l'examen radioscopique, paraît s'être arrêtée au niveau de la deuxième partie du duodénum.

Pendant quatre jours, le corps étranger conserve la même situation; des vomissements apparaissent; une intervention est décidée.

La laparotomie a permis de retirer le corps étranger qui s'était fixé par sa pointe dans la paroi duodénale au niveau du deuxième angle de cet organe. Guérison.

Deux cas de cancer du duodénum. — *Société Anatomo-Clinique de Bordeaux* (à propos d'un cancer du jéjunum), 1925; in *Journal de Médecine de Bordeaux*, 1925, n° 7, p. 293.

Ponction de l'intestin au cours d'une intervention pour occlusion intestinale intra-herniaire. — *Société Anatomo-Clinique de Bordeaux*, 30 mai 1921.

Sur un cas d'invagination intestinale. (En collaboration avec M. le Dr CHEVALIER.) — *Société Anatomo-Clinique de Bordeaux*, 18 mai 1914.

Cette observation d'invagination iléo-cæcale chez un garçon de seize ans tire son intérêt de l'extrême rareté de l'invagination intestinale dans la région bordelaise, surtout en dehors de la première enfance.

Sur un cas d'invagination intestinale aigue. (En collaboration avec M. MONDAIN.) — *Société Anatomo-Clinique de Bordeaux*, 23 novembre 1925; in *Journal de Médecine de Bordeaux*, 25 janvier 1926, p. 82.

Dans toute occlusion intestinale, le pronostic opératoire dépend à peu près exclusivement de la précocité de l'intervention. Le diagnostic précocement porté par le médecin traitant a permis d'opérer notre jeune malade dans des conditions favorables.

Il s'agit d'une invagination intestinale aiguë chez un nourrisson de quatorze mois, diagnostiquée dès le début de la crise et qui a pu être opérée dès la huitième heure. La tête de l'invagination iléo-cæcale avait dépassé la partie moyenne du côlon transverse, mais la désinvagination a été aisée, l'intestin étant peu altéré. L'enfant a guéri.

Invagination du diverticule de Meckel, cause d'invagination de l'intestin grêle. (En collaboration avec M. LESCALE.) — *Société Anatomo-Clinique de Bordeaux*, 25 février 1924; *Journal de Médecine de Bordeaux*, 25 juin 1924, p. 515.

Chez un jeune arriéré de dix-sept ans, au cours d'une laparotomie pour occlusion intestinale datant de trois jours, on trouve un gros boudin d'invagination du grêle vers la fin de l'iléon. L'intestin est en mauvais état, en voie de sphacèle. Résection intestinale.

L'examen de la pièce montre que la tête de l'invagination du grêle est constituée par le diverticule de Meckel, qui est lui même invaginé et qui a ainsi servi d'amorce au retournement de l'intestin.

Il n'y avait pas eu de selles sanglantes.

Sur un cas de volumineux calcul de l'appendice. (En collaboration avec le Dr Noël MOREAU.) — *Société Anatomo-Clinique de Bordeaux*, 16 janvier 1924. 1 fig.

Ce calcul, du volume d'une noisette, est un des plus volumineux qui aient été signalés dans l'appendice. Il est formé de couches lamelleuses concentriques qui se sont montrées, à l'analyse, composées de phosphate de chaux et de pigments assez indéterminés, mais non biliaires.

Aspect schématique de l'appendice et de son calcul.

Coupe du calcul montrant la structure en strates concentriques.

Le malade, âgé de cinquante-quatre ans, a eu sa première crise appendiculaire quatre mois auparavant, alors que la formation du calcul paraît remonter beaucoup plus loin, si bien qu'on peut penser que les calculs appendiculaires peuvent être tolérés assez longtemps avant de provoquer une crise aiguë.

L'infection, une fois déclarée, a persisté avec des poussées inflammatoires successives et n'a été arrêtée que par l'intervention chirurgicale.

4

Actuellement, on n'accorde plus une très grande importance au rôle des corps étrangers dans la pathogénie de l'appendicite, ils semblent surtout constituer des facteurs d'aggravation, et, à ce titre, ils doivent être supprimés le plus tôt possible par l'appendicectomie.

Sur un cas d'appendicite oblitérante. (En collaboration avec le Dr Pierre-Nadal.) — *Société Anatomo-Clinique de Bordeaux*, 23 février 1914. 1 fig.

Sur un cas d'amputation spontanée de l'appendice. (En collaboration avec le Dr Lataste.) — *Société Anatomo-Clinique de Bordeaux*, février 1913.

Le premier de ces cas est un exemple démonstratif d'un des mécanismes de l'amputation spontanée de l'appendice. L'appendicite oblitérante partielle a donné à l'organe une forme en sablier, l'extrémité distale renflée, n'étant plus réunie à la partie basale que par une partie très rétrécie, filiforme.

Un pas de plus, et les deux parties renflées de l'appendice sont complètement séparées, l'amputation spontanée de l'appendice est constituée.

Le second cas concerne une amputation spontanée de l'appendice au cours d'une crise aiguë, qui a guéri en laissant l'organe séparé en deux fragments. Le fragment distal, isolé, continue à vivre, après avoir contracté des adhérences avec les organes voisins.

La possibilité de tels accidents doit être connue des chirurgiens. Ils pourraient, dans de tels cas, laisser dans l'abdomen, faute d'examen minutieux, ce fragment appendiculaire isolé, après une opération en apparence satisfaisante et complète.

Un cas de tuberculose sclérosante iléo-cæcale. (En collaboration avec M. Lescale.) — *Société Anatomo-Clinique de Bordeaux*, 16 juin 1924.

Sur le cancer iléo-cæcal. — *Journal de Médecine de Bordeaux*, 25 août 1922.

A l'occasion de deux observations personnelles, avec opération et guérison, nous reprenons l'histoire du cancer cæcal depuis la Thèse de Desmarest (Paris, 1908), en l'étendant à l'étude du cancer de la valvule de Bauhin et à l'étude du cancer de la terminaison du grêle.

L'anatomie et la clinique justifient une telle conception, c'est le cancer du confluent des deux intestins, grêle et gros.

Le cancer iléo-cæcal représente environ le cinquième des localisations cancéreuses sur le gros intestin, rectum excepté.

Ce n'est pas un cancer des vieux, il existe surtout à l'âge mûr et il n'est pas exceptionnel au-dessous de trente ans. Les causes prédisposantes sont peu connues.

Le cancer épithélial est presque exclusivement primitif; il se présente sous la forme de carcinome, d'adéno-carcinome ou d'épithélioma cylindrique. Cependant on a pu observer le squirrhe, le lympho-endothéliome. On connaît une observation de tératome et un cas de linite plastique.

Le cancer débute le plus souvent au niveau du cul-de-sac cæcal, à l'encontre de l'opinion de Desmarest, qui le situe surtout sur la valvule de Bauhin.

Les caractères anatomiques varient beaucoup selon qu'il s'agit d'un *cancer iléo-valvulaire*, d'un *cancer cæco-valvulaire* ou d'un *cancer cæcal pur*. La forme iléo-cæco-valvulaire représente un stade terminal.

Le *cancer iléo-valvulaire*, sous forme d'un anneau dur, squirrheux de la fin du grêle, amène une dilatation énorme de l'iléon contrastant avec la diminution de volume du cæco-côlon ascendant. La sténose est habituellement très accentuée au niveau de la tumeur.

S'il revêt la forme pédiculée, assez rare, les conditions sont très favorables pour amener l'invagination iléo-cæcale. Le *cancer cæcal*, au contraire (avec ou sans invasion de la valvule), revêt habituellement la forme hypertrophique. La tumeur peut être énorme, dure, cartonneuse. L'ulcération interne est la règle, elle est l'origine des inflammations, des adhérences péritonéales, des abcès et des fistules.

Comme le cancer de l'intestin en général, le cancer iléo-cæcal présente une malignité locale relativement faible; il envahit tardivement les ganglions et donne rarement des métastases.

CLINIQUE. — Le début est insidieux, il n'y a que de vagues troubles dyspeptiques.

A la période d'état, le cancer iléo-cæcal revêt deux formes principales, bien spéciales et presque opposées.

1° *Le syndrome d'occlusion chronique, sans tumeur*, qui correspond au cancer iléo-valvulaire;

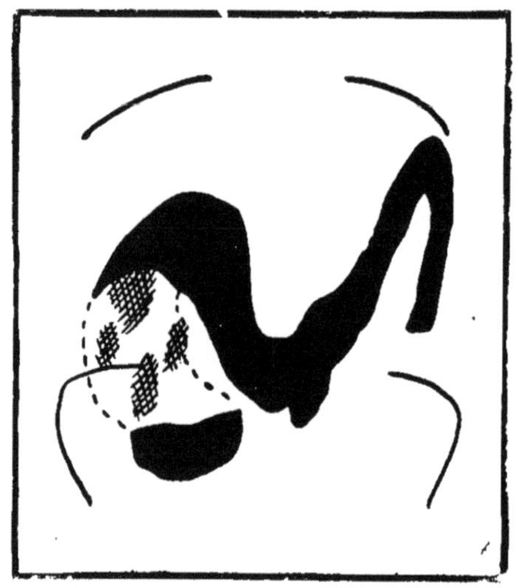

Schéma radiographique d'un cancer du cæcum.

2° *La forme avec tumeur, sans occlusion précoce*, propre au cancer cæcal proprement dit :

1. *La forme avec occlusion chronique* se caractérise par le *syndrome de Kœnig*, la constipation avec crises de diarrhée, l'aspect du ventre, qui est ballonné à sa partie moyenne seulement, et la présence d'une tumeur iliaque habituellement de petit volume et à peine perceptible.

2. *Dans la forme avec tumeur* (cancer cæcal) les signes fonctionnels sont discrets, au contraire : il y a quelques phénomènes douloureux, de la diarrhée, une déchéance progressive de l'organisme. Mais la tumeur est précoce, volumineuse, dure, mobile; elle occupe la fosse iliaque droite.

A côté de ces formes types, on a décrit des sous-variétés

liées à la prédominance de l'un des signes habituels : *forme latente, forme diarrhéique, forme gastralgique ou dyspeptique, forme douloureuse, forme anémique, forme infectée* dont le professeur P. Delbet a rapporté récemment deux beaux exemples.

Le pronostic de l'affection est sombre et est conditionné par le siège du mal et la précocité des *complications*, qui sont d'*ordre mécanique* ou d'*ordre septique :* occlusion aiguë, occlusion chronique, l'invagination, les abcès, les fistules, la péritonite.

Le diagnostic, aidé par la radiologie, sera fait dans la forme iléo-valvulaire avec l'appendicite chronique et ce qu'on a appelé les fausses appendicites. Dans la forme cæcale, avec tumeur, il faudra surtout envisager le diagnostic avec la tuberculose iléo-cæcale et avec les tumeurs de la fosse iliaque.

TRAITEMENT. — Le traitement est exclusivement chirurgical. Il est *palliatif* ou *curatif*.

Palliatif, il consistera en l'établissement d'un anus contre nature portant sur l'iléon, ou en l'établissement d'entéro-anastomose avec ou sans exclusion.

Ces opérations, réservées aux cas compliqués ou inopérables, sont grevées d'une assez forte mortalité qui varie, de 25 % pour les anastomoses simples, jusqu'à 40 % et même 60 % pour l'entéro-anastomose avec exclusion.

Le *traitement curatif* consiste en la *colectomie*, faite habituellement en un temps, selon la méthode de Reybard.

La colectomie totale, préconisée par certains auteurs, paraît disproportionnée avec l'importance des lésions; la plupart des chirurgiens pratiquent l'hémicolectomie droite avec ablation de 15 à 20 centimètres de la fin du grêle.

Cette hémi-colectomie qui sera aisément faite par laparotomie médiane, sera suivie d'anastomose iléo-colique qui peut porter sur l'S iliaque ou sur le transverse.

A l'*iléo-sigmoïdostomie*, qui donne cependant de bons résultats, on préfère habituellement l'*iléo-transversostomie*, qui paraît plus rationnelle.

L'abouchement de l'iléon dans le transverse peut être termino-terminal, latéro-latéral ou termino-latéral. C'est ce dernier procédé que nous préconisons de préférence comme le plus physiologique et le plus facile à exécuter.

Les résultats immédiats de ces résections intestinales pour cancer iléo-cæcal sont assez favorables. La mortalité, de 30 % d'après Demarest, descend à 20 % d'après nos chiffres.

Les résultats éloignés sont encourageants; les survies au delà de deux ans existent dans la proportion des deux tiers des cas.

Anatomie pathologique du cancer du cæcum. (En collaboration avec le Dr Pierre-Nadal.) — *Société Anatomo-Clinique de Bordeaux*, 14 février 1921.

Trois cas de résection partielle du gros intestin, en un temps, pour cancer. — Communication au XXXIe *Congrès français de Chirurgie*, 6 octobre 1922.

Dans la discussion des rapports de MM. Abadie et Ockinczyc sur les « Techniques et résultats de l'extirpation des tumeurs du gros intestin », nous communiquons trois observations d'opération en un temps.

Deux observations concernent des tumeurs du côlon droit et sont publiées d'autre part dans notre travail sur « Le cancer iléo-cæcal ».

La troisième observation, beaucoup plus importante, concerne un cancer de l'S iliaque, enlevé chez une femme de quarante-sept ans par résection segmentaire suivie d'anastomose termino-terminale. Une typhlostomie complémentaire a été pratiquée pour établir une dérivation à distance. La guérison a été obtenue sans accidents et se maintient après quatre mois.

A notre point de vue, *la dérivation complémentaire à distance, par fistule cæcale*, permet de faire bénéficier certains cancers du côlon gauche des bienfaits de l'opération en un temps. Elle trouve sans doute d'assez rares applications, mais quand, dans un cancer du côlon gauche encore non sténosant, avec intégrité des parois intestinales en amont, on fait la colectomie segmentaire avec rétablissement immédiat de la continuité intestinale, la fistule cæcale est à mettre en balance avec la dérivation *in situ* de Bouilly et Volkmann. Nous lui donnons même la préférence, car elle peut s'appliquer à tous les cas, même lorsque l'anse suturée est trop courte pour être extériorisée; la dérivation qu'elle permet est suffisante, bien qu'elle porte presque exclusivement sur les gaz. Enfin elle se ferme spontanément par la suite, et l'opération pratiquée mérite bien ainsi le nom d'extirpation en un temps.

Considérations sur la résection du gros intestin pour cancer, avec six observations inédites. — *Société de Médecine et de Chirurgie de Bordeaux*, séance du 19 décembre 1924; *Gaz. hebdom. des sciences méd. de Bordeaux*, 18 janvier 1925, p. 34.

La communication porte sur six observations de cancer du gros intestin, avec opération radicale, qui, jointes à trois observations publiées antérieurement, constituent un ensemble de neuf cas personnels.

Quatre cancers du côlon droit (dont trois du cæcum et l'autre de l'angle droit) traités par l'hémicolectomie droite ont donné quatre guérisons qui se maintiennent respectivement depuis cinq ans, quatre ans, sept mois. La dernière opération est récente.

Sur cinq opérés pour cancer du côlon gauche, deux sont morts, deux restent guéris, l'un depuis deux ans et six mois, l'autre depuis quatorze mois. Le cinquième est mort au bout de six mois, avec des noyaux secondaires du foie. Ces chiffres s'accordent avec les données classiques qui confèrent un pronostic opératoire plus grave aux cancers du côlon gauche. Ceux-ci nécessitent le plus souvent deux ou trois opérations successives, qui chez des gens âgés et déprimés risquent d'entraîner quelque complication mortelle.

M'appuyant sur ma pratique personnelle, je pense que le chirurgien doit s'efforcer de traiter le cancer du gros intestin en un seul temps opératoire toutes les fois que les conditions anatomiques le permettent. Cette technique est presque toujours possible pour le cancer du côlon droit, d'où le pronostic plus favorable.

Il semble cependant possible de l'étendre au côlon gauche dans la majorité des cas. En ce qui concerne particulièrement le cancer de l'S iliaque, segment intestinal le plus souvent atteint, le pronostic opératoire serait certainement changé si le malade acceptait l'anus iliaque définitif. Le chirurgien pourrait alors opérer en un seul temps et, suivant la technique de Hartmann, pratiquer la résection du segment malade, en abouchant le bout proximal du côlon à la peau, ce qui évite les inconvénients des sutures du côlon gauche. Le bout rectal du côlon est alors traité par la simple fermeture en cul-de-sac. Les deux opérés avec anus iliaque définitif systématique ont guéri.

Constipation rebelle par coudures multiples du côlon droit. Hémicolectomie droite. Guérison. (En collaboration avec M. le professeur R. PICQUÉ.) — *Société de Médecine et de Chirurgie de Bordeaux*, 25 juin 1926; in *Gaz. hebdom. des sciences méd. de Bordeaux*, 15 août 1926, p. 519.

Actuellement on n'a plus guère recours à la colectomie totale pour traiter la stase intestinale chronique. On se borne à recourir à la colectomie partielle toutes les fois que la stase intestinale reconnaît des causes mécaniques indubitables, des déformations nettes, persistantes, d'une partie du gros intestin.

Le malade que nous avons eu à traiter présentait une constipation opiniâtre, rebelle à tout traitement et demandait une intervention bien qu'il n'y eût aucun phénomène douloureux. La laparotomie a montré qu'il s'agissait de coudures aiguës portant sur trois points du côlon droit, avec adhérences très serrées, membranes et brides de péricolite.

L'hémicolectomie droite a amené la guérison fonctionnelle et le retour complet à la santé et à l'activité.

Un cas de volvulus de l'S iliaque. — *Société Anatomo-Clinique*, 4 juillet 1921; *Journal de Médecine de Bordeaux*, 25 décembre 1921.

Cette observation tire son intérêt de la rareté du volvulus en France, opposée à son observation fréquente dans la région de la mer Baltique, et de quelques particularités cliniques et opératoires.

L'ensemble des données étiologiques et séméiologiques était à ce point classique que le diagnostic a pu être établi avant l'intervention, ce qui est rare. Cependant le malade présentait de l'anurie, alors que la diminution de la sécrétion urinaire est considérée comme symptomatique d'une occlusion de la partie supérieure du grêle.

L'état de l'intestin permettait la conservation; nous avons pu pratiquer la détorsion du volvulus et la colopexie, par laparotomie médiane.

Malgré la présence d'une sonde rectale remontant au niveau de l'anse malade, notre opéré n'a pas expulsé de gaz et a succombé avec de l'ileus paralytique.

Nous pensons qu'un tel accident aurait pu être évité par l'établissement d'une *typhlostomie complémentaire*, dont nous avons apprécié l'heureux effet dans certaines opérations du côlon gauche

Anomalie du gros intestin. Absence du côlon transverse et du côlon iliaque gauche. Appendicite chronique. (En collaboration avec M. JONCHÈRES.) — *Société de Médecine et de Chirurgie de Bordeaux*, 8 janvier 1926; in *Gaz. hebdom. des sciences méd. de Bordeaux*, 1926, p. (1 fig.).

Nous rapportons l'observation d'une jeune fille de dix-sept ans qui présentait des symptômes d'appendicite chronique. A l'intervention, on constate une disposition rare du gros intestin qui suit le trajet suivant : le cæcum, avec son appendice coudé en V, occupe la fosse iliaque droite; le côlon ascendant et l'angle droit sont à leur place, mais de là l'intestin descend en écharpe vers le petit bassin et se continue directement avec le rectum. Cette disposition a pour conséquence de diviser la cavité abdominale en deux parties : l'une supéro-latérale gauche, large, est occupée par l'estomac et l'intestin grêle; l'autre, inféro-latérale droite, contient le cæcum et son appendice et le côlon ascendant. En résumé, il n'existe ni côlon transverse, ni côlon descendant gauche.

ni S iliaque, ni angle splénique. L'épiploon gastro-colique et le grand épiploon font également défaut.

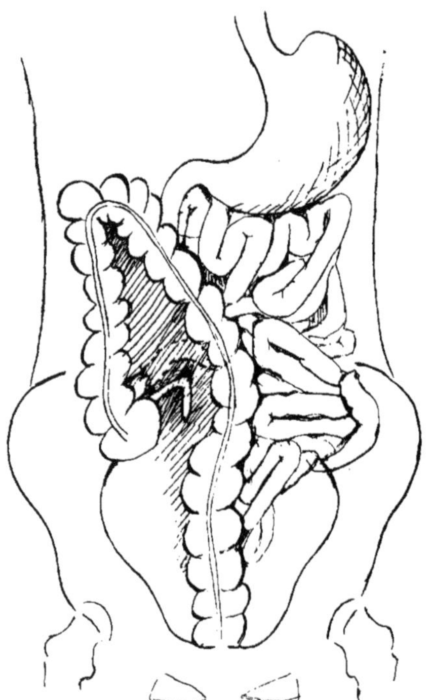

Anomalie des côlons transverse et descendant. Schéma.

Cette anomalie est particulièrement rare, comme le montrent les recherches que nous avons faites sur ce sujet et qui sont longuement exposées dans la communication.

Prolapsus rétrograde du bout inférieur de l'intestin dans un anus artificiel. (En collaboration avec M. Fontan.) — *Société Anatomo-Clinique de Bordeaux*, 26 février 1923.

Le prolapsus total est rare dans le bout inférieur d'un anus artificiel. Dans cette communication et dans la discussion, nous rapportons deux cas personnels qui ont nécessité la résection de l'intestin prolabé. Les deux anus avaient été créés pour cancer inopérable du rectum.

Ce prolapsus n'est possible que si l'anse efférente est longue et mobile. Il semble surtout causé par l'oblitération anarectale, due le plus souvent aux progrès de la tumeur; l'évacuation des sécrétions de l'anse exclue ne peut se faire que par l'extrémité qui regarde l'anus artificiel; elle nécessite des mouvements antipéristaltiques violents et aboutit à cette véritable invagination rétrograde, au prolapsus.

La résection du prolapsus, opération simple ne nécessitant aucune anesthésie, guérit cette complication peu grave.

Sur un cas d'oblitération des vaisseaux mésentériques. (En collaboration avec M. le Dr CHEVALIER.) — *Société Anatomo-Clinique de Bordeaux*, 12 janvier 1920; in *Journal de Médecine de Bordeaux*, 25 avril 1920, p. 214.

Il s'agit d'un cas d'oblitération des vaisseaux mésentériques avec infarctus de l'anse grêle correspondante, sur une longueur de 60 centimètres environ, qui a débuté avec des signes d'étranglement herniaire.

En réalité, la hernie que portait ce malade de cinquante-cinq ans n'était pas étranglée, mais elle était distendue par une partie de l'intestin infarci, d'où sa tension douloureuse. Le malade a guéri, après avoir subi la résection de 80 centimètres d'intestin grêle.

Epiploïte adhérente intra-abdominale d'origine herniaire probable. — *Société Anatomo-Clinique de Bordeaux*, 14 décembre 1924; in *Journal de Médecine de Bordeaux*, 10 avril 1925, p. 282.

Il s'agit d'une femme qui présentait une volumineuse tumeur abdominale ayant tous les caractères d'une tumeur génitale, avec accidents aigus pouvant faire penser soit à une nécrobiose de fibrome, soit à une torsion de pédicule d'un kyste. En réalité, il s'agissait d'une volumineuse masse d'épiploïte chronique intra-abdominale se continuant avec une petite épiplocèle inguinale droite également enflammée. Il est probable que l'inflammation née au niveau de l'épiploon intra-herniaire s'est propagée à la partie principale de l'épiploon intra-abdominal. La libération de la tumeur a été difficile, car elle avait contracté de nombreuses adhérences avec le cadre colique droit et avec les anses grêles.

Les grands abcès du foie pendant la grossesse et les suites de couches. (En collaboration avec M. le professeur Chavannaz.) — *Revue de gynécologie et de chirurgie abdominale*, décembre 1911.

Dans ce travail, nous étudions les grands abcès du foie dans leurs relations avec l'état puerpéral, exception faite pour les abcès d'origine dysentérique qui peuvent évoluer chez des femmes enceintes ou récemment accouchées, à titre de simple coïncidence.

Etiologie. Pathogénie. — Nous n'avons pu réunir que 5 observations, dont une personnelle, de suppuration hépatique ainsi délimitée.

On ne trouve dans les antécédents aucune maladie susceptible d'avoir frappé le foie. Il semble démontré que l'infection transmise par la veine porte a probablement son origine dans l'intestin; elle paraît favorisée par l'éclampsie.

Anatomie pathologique. — L'abcès est presque toujours unique, son volume est assez considérable; le pus peut être de couleur chocolat ou bien crémeux. La périhépatite n'existe que dans les abcès périphériques. Le pus a été trouvé stérile trois fois. Le seul examen positif a décelé la présence du coli-bacille.

Symptômes. — L'affection débute par de la douleur, un peu de fièvre. Elle se manifeste à la période d'état par une douleur non irradiée à l'épaule, par de la toux quinteuse et de la dyspnée. L'état général est assez touché. L'examen du sang montre la réaction iodophile des leucocytes. Les signes physiques sont souvent discrets, il peut y avoir une voussure ou quelques réactions de la base pulmonaire droite; l'évolution n'est jamais latente.

Pronostic. — Le pronostic de l'abcès du foie au cours de la grossesse est extrêmement grave pour la mère et pour l'enfant. Le seul cas de guérison de la mère concerne un abcès ayant débuté pendant les suites de couches.

Diagnostic. — L'abcès du foie puerpéral réserve autant de surprises de diagnostic que les abcès hépatiques d'autre nature, d'autant plus que cette complication, vu sa rareté, ne s'impose pas à l'attention. Le diagnostic différentiel ne diffère en rien de celui des autres variétés d'hépatite suppurée, il sera surtout délicat dans les cas simulant des collections pleurales ou des lésions de la base pulmonaire droite.

Traitement. — Le traitement de ces abcès non dysentériques est exclusivement chirurgical; tout abcès du foie diagnostiqué appelle l'incision.

Des deux malades opérées, l'une a guéri, l'autre a survécu plus de quatre mois. Les trois malades non opérées sont mortes.

Kyste hydatique du foie chez un enfant de cinq ans; sacralisation de la Ve lombaire. (En collaboration avec M. J. Magendie.) — *Société Anatomo-Clinique de Bordeaux*, séance du 28 juin 1926.)

Chez un enfant de cinq ans, existait un kyste hydatique du foie, univésiculaire, développé dans la partie antérieure du lobe gauche. Ce kyste, du volume d'une orange a été traité par la réduction sans drainage. Guérison. Fait particulier, ce petit malade n'avait jamais quitté Bordeaux. La radiographie de l'abdomen faite à cette occasion, a montré une sacralisation nette de la Ve vertèbre lombaire, qui ne s'accompagnait d'ailleurs d'aucun trouble fonctionnel.

Plaie du foie par coup de couteau. Suture. Guérison. — Présentation à la *Société Anatomo-Clinique de Bordeaux*, 17 novembre 1913.

Il s'agit d'une plaie de la face convexe du lobe gauche traitée par la suture. Le malade, qui présentait un état de shock marqué et qui avait perdu beaucoup de sang, opéré trois heures après l'accident, a guéri.

Les complications pulmonaires présentées par l'opéré reconnaissent pour cause le refroidissement du blessé avant son hospitalisation.

Cette observation a été le point de départ de la Thèse du Dr Belley (Thèse de Bordeaux, 1913) sur « Les plaies du foie par armes blanches ».

Un cas de pancréatite hémorragique. (En collaboration avec MM. Forton et Tournigand.) — *Société de Médecine et de Chirurgie de Bordeaux*, 26 décembre 1924; in *Gaz. hebdom. des sciences méd. de Bordeaux*, 1er février 1925, p. 72.

Une jeune femme de trente et un ans, dans les antécédents de laquelle on ne trouve que quelques vagues troubles dyspeptiques et une hématémèse, est prise brusquement d'une violente douleur au creux épigastrique. L'état général s'altère rapidement. En raison de son passé gastrique, on pense à une perforation d'ulcère gastro-duodénal. L'opération, faite cinq heures après le début des accidents, a permis de reconnaître une pancréatite hémorragique typique, évoluant chez une femme atteinte de cholécystite chronique calculeuse. Il n'y avait cependant ni oblitération calculeuse du cholédoque ni infection. La malade est morte vingt-quatre heures après l'intervention. Les lésions, purement pancréatiques, ont pu être mises en lumière par l'autopsie qui a montré l'intégrité du tube digestif, et par l'examen anatomo-pathologique. Les lésions pancréatiques hémorragiques et nécrotiques avaient leur maximum au niveau de la tête et allaient en décroissant vers la queue, ce qui montre l'origine canaliculaire probable de l'affection.

Cancer du pancréas, noyaux secondaires dans le foie et dans l'ovaire, thrombose cancéreuse de la veine porte. *Société d'Anatomie et de Physiologie de Bordeaux*, 28 juin et 13 août 1909.

Ce cas présente quelques particularités assez rares.

Tout d'abord, il faut noter que la thrombose cancéreuse de la veine porte s'observe de façon exceptionnelle. Elle se caractérisait cliniquement par une ascite abondante qui se reproduisait rapidement après la ponction.

D'un autre côté, il convient de souligner la rareté des noyaux secondaires cancéreux au niveau de l'ovaire, qui, atteint souvent de cancer primitif, n'est presque jamais le siège de métastases provenant d'un autre viscère.

GYNÉCOLOGIE ET OBSTÉTRIQUE.

Anévrysme cirsoïde de l'utérus. Mémoire déposé à la *Société de Chirurgie de Paris* le 2 juin 1926; M. P. Moure, rapporteur.

Anévrysme cirsoïde de l'utérus (présentation de pièces). — *Société de Médecine et de Chirurgie de Bordeaux*, 25 juin 1926.

Anévrysme cirsoïde de l'utérus (étude anatomo-pathologique). — (En collaboration avec M. le professeur G. Dubreuil.) — Travail du laboratoire d'anatomie générale et d'histologie de la Faculté de Médecine de Bordeaux, publié dans les *Annales d'anatomie pathologique et d'anatomie normale médico-chirurgicales de Paris* (Masson et Cie), t. III, n° 7, juillet 1926, p. 697-719; 16 fig.

Ayant eu l'occasion d'observer une affection de l'utérus présentant tous les signes d'un anévrysme cirsoïde, nous avons jugé ce cas digne d'intérêt et justifiant sa vulgarisation; la partie clinique a fait l'objet d'une communication à la Société de Chirurgie, la partie anatomo-pathologique a fait l'objet d'une étude détaillée en collaboration avec M. le professeur G. Dubreuil.

L'anévrysme cirsoïde est exceptionnellement observé au niveau du tronc. Les viscères thoraciques et abdominaux ne paraissent guère atteints; au niveau de l'utérus, en particulier, nous n'en connaissons aucune observation. Notre cas est donc *probablement sans précédent.*

Il s'agit d'une femme de soixante-deux ans, qui, après avoir mené à bien quatre grossesses entre vingt-deux et vingt-huit ans, après avoir eu une menstruation toujours régulière, a vu la ménopause s'installer sans incidents à l'âge de cinquante-trois ans.

Depuis ce moment-là, le seul symptôme morbide a été l'apparition brusque de quelques métrorragies; le sang, pur, rouge vif au début, un peu noirâtre et mélangé de caillots à la fin, s'écoulait sans douleurs, sauf au moment de l'expulsion des caillots. Ces métrorragies, intermittentes, apparaissant sans cause occasionnelle apparente ont été le seul symptôme morbide; la malade était très anémiée.

A l'examen clinique, l'utérus un peu gros, mou, indolore, présentait des battements anormaux perceptibles au niveau des culs-de-sac vaginaux, battements très vigoureux et vibrants.

Au cours de la laparotomie pratiquée, on constate que l'utérus, un peu déformé, mou, est flanqué de vaisseaux utérins très volumineux, serpentins et que tout l'ensemble, utérus, artères et veines dilatées, est animé de *battements vigoureux*, perceptibles à la vue, très sensibles au toucher, accompagnés d'un frémissement vibratoire, d'un *thrill* formidable, continuel et à renforcement systolique.

Hystérectomie subtotale rendue délicate par le développement énorme de la circulation. La malade a présenté le troisième jour des signes d'occlusion intestinale qu'une laparotomie itérative a permis de rattacher à une coudure du gros intestin. La malade mourait le cinquième jour.

On a pu constater avant la mort que le pouls vaginal ne se percevait plus à gauche, qu'il existait encore à droite, mais qu'il ne s'accompagnait plus de frémissement vibratoire.

Examen macroscopique de la pièce. — Le corps utérin a dans l'ensemble la forme et un peu plus que le volume de l'utérus d'une femme non ménopausique. Sa surface est légèrement bosselée. Les vaisseaux des pédicules utérins sont particulièrement volumineux; c'est ainsi que l'artère utérine gauche, qui est la plus développée, a une lumière du calibre d'un crayon.

Les coupes pratiquées dans le sens sagittal montrent que le parenchyme utérin, sauf au voisinage de la cavité utérine, est criblé d'orifices vasculaires de calibre toujours important qui va en croissant à mesure qu'on se rapproche du bord gau-

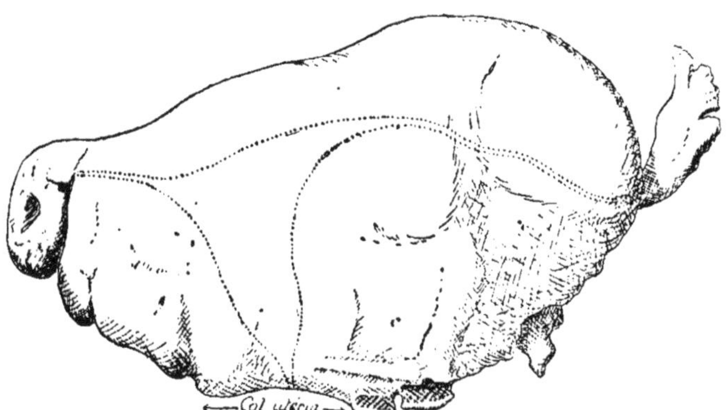

Pièce d'anévrysme cirsoïde de l'utérus, après extirpation chirurgicale.
La cavité utérine et les cornes sont projetées en pointillé sur la figure.

Anévrysme cirsoïde de l'utérus. - Coupe sagittale à gauche de la cavité utérine, dans la zone des vastes lacunes vasculaires.

che de l'utérus. En ce point, le tissu revêt un aspect véritablement aréolaire, il est creusé de véritables cavités sanguines à parois nettement individualisées et épaisses ayant toute l'apparence de parois vasculaires particulièrement développées.

Cette vascularisation anormale, excessive, monstrueuse même, occupe à peu près tout le parenchyme utérin, en une espèce de nappe qui entoure la cavité utérine, sans aller jusqu'à son contact.

Examen histologique. — Les principaux détails de l'histologie de cet anévrysme utérin peuvent être ainsi résumés :

Muqueuse utérine, modifications insignifiantes.

Muscle utérin, nettement dissocié par les vaisseaux et les groupes vasculaires, rare dans la région des gros vaisseaux; deux types : normal et myome discret et disséminé.

Vaisseaux de la tumeur. — Les modifications des parois rendent difficile le classement en artères et veines. Les principales modifications portent :

A. Sur la tunique interne souvent épaissie, pourvue de fibres musculaires lisses, qui doublent intérieurement la tunique moyenne par néoformation de nouvelles couches musculaires;

B. Sur la tunique moyenne, pour laquelle la règle est de trouver deux et même trois couches à fibres diversement orientées; par endroits, le tissu conjonctif est anormalement abondant. L'hyperplasie est manifeste et désordonnée par rapport au type vasculaire normal;

C. Les limitantes et l'adventice sont le siège de modifications en rapport avec les précédentes : dissociation de la limitante interne dans l'endartère épaissie, adventice épaisse en continuité avec le tissu conjonctif ambiant.. Là encore, on note l'hyperplasie de ce tissu autour des vaisseaux ou de groupes vasculaires. Cette adventice fournit même exceptionnellement un contingent de fibres musculaires à la tunique moyenne.

Considérations générales. — L'ectasie vasculaire a déterminé l'hyperplasie de toutes les parois; c'est la règle.

La néoformation de fibres musculaires lisses est un fait intéressant en lui-même, on la connaissait dans différents types d'anévrysmes; mais il est intéressant aussi de voir la part qui revient à la tunique interne, endartère ou endoveine, dans cette édification de fibres lisses.

La direction variable des fibres musculaires dans la tunique moyenne, et même des fibres d'une même couche, est peut-être le fait du hasard, mais aussi, et probablement, le fait d'actions mécanogénétiques qui s'exercent sur cette tunique. On sait que les réservoirs contractiles, de forme sphéroïdale ou ovoïde, ont généralement une musculature plexiforme. Même parmi les vaisseaux, on connaît la disposition plexiforme des fibres lisses des renflements supra-valvulaires des lymphatiques qui ont la forme d'un ovoïde incomplet. Or, dans ces vaisseaux d'anévrysme, dilatés, contournés, presque hélicins, les actions de pression sanguine s'exercent non seulement suivant une circonférence, mais aussi sur toutes les surfaces des courbes et dans tous les rayons des lacunes vasculaires. De ce fait, la musculature irrégulière et presque plexiforme des parois musculaires répond à une loi générale d'organisation constatée en différentes parties de l'économie.

Enfin, l'absence d'un réseau capillaire suffisant pour expliquer des communications abondantes entre artères et veines entraîne fatalement la conclusion que ces deux ordres de vaisseaux communiquent entre eux par des anastomoses à plein canal. En somme, la tumeur est formée de vaisseaux utérins ectasiés et hypertrophiés, à la fois artériels et veineux, sans que la discrimination soit possible entre eux.

Au total, l'histologie ne peut que confirmer le diagnostic d'anévrysme cirsoïde, fait sur la pièce et sur ses coupes macroscopiques.

Les manifestations fébriles aiguës de la nécrobiose des fibromes utérins. (En collaboration avec M. le Dr Couty.) — *Journal de Médecine de Bordeaux*, 10 décembre 1925.

La nécrobiose aseptique des fibromes utérins, dont l'histoire commence à être connue avec précision, grâce en grande partie aux travaux de l'école bordelaise, se manifeste habituellement par des symptômes dont les principaux constituent une véritable triade symptomatique : 1° *la douleur*, plus ou moins violente au début, mais qui persiste ensuite au moins à la pression ; 2° *l'augmentation de volume* assez rapide du fibrome ; 3° *des phénomènes généraux* consistant en élévation modérée de la température et en altération du teint, qui devient jaunâtre.

A côté de ces formes moyennes, on observe des formes frustes, insidieuses, latentes, où les signes sont réduits au minimum et, inversement, on peut observer des formes à manifestations violentes, aiguës, dont les unes sont exclusivement douloureuses, avec accidents péritonéaux intenses, et dont les autres s'accompagnent en plus de phénomènes fébriles aigus, et ceci en dehors de toute atteinte infectieuse. Ce sont ces formes avec fièvre élevée que nous avons en vue dans cette étude, estimant que leur histoire n'est pas bien établie.

Nous avons pu en réunir treize observations dont trois personnelles, mais la fréquence de cette forme est sans doute plus grande que ne permet de le supposer le petit nombre de faits publiés.

Voici comment se déroulent les accidents. Le début se manifeste par des douleurs vives dans le bas-ventre, des vomissements, du ballonnement du ventre, parfois arrêt des matières et des gaz, tous signes d'une inflammation péritonéale assez vive. Des pertes sanguines abondantes ne sont pas exceptionnelles.

L'état général est rapidement altéré, le pouls bat vite, la température s'élève à 38°5, 39 et même 40 degrés. Il n'y a pas de frissons habituellement, mais le faciès est altéré, le teint est jaunâtre, un peu terreux, sans ictère.

Si on examine l'abdomen, on constate l'existence d'une tumeur plus ou moins dure, de palpation douloureuse, faisant corps avec l'utérus. Si le fibrome avait été reconnu antérieurement, on note que son volume a augmenté de façon sensible. La sensibilité abdominale est peu vive, en dehors de la tumeur.

Les accidents aigus persistent plus ou moins longtemps (une dizaine de jours en moyenne) mais avec tendance rapide à décroître et, habituellement, à cette période aiguë fait suite une accalmie à peu près complète et la symptomatologie devient alors superposable à celle des formes légères d'emblée. La tolérance de l'organisme est à ce moment assez grande.

La crise, très violente, est habituellement unique, mais elle peut parfois se reproduire et il existe un cas où ont été notées huit ou dix poussées successives.

Le *pronostic* n'est pas très grave, les accidents aigus se calmant assez rapidement, mais la malade ne doit pas être livrée à elle-même.

Le *diagnostic* est assez délicat à poser le plus souvent pendans la crise aiguë initiale, et on pourra alors confondre la nécrobiose d'un fibrome avec la suppuration de ce fibrome, avec sa gangrène septique ou bien avec la torsion du pédicule d'un kyste ovarique, ou bien encore avec une crise d'annexite aiguë.

Le diagnostic sera le plus souvent possible si le médecin sait bien qu'une simple nécrobiose aseptique peut s'accompagner de manifestations aiguës sérieuses.

Ces accidents aigus sont probablement liés *à la résorption massive des substances toxiques* provenant des tissus en nécrobiose. Les accidents fébriles s'observent surtout quand le fibrome en cause est volumineux et mortifié en totalité.

Le traitement de choix est l'hystérectomie abdominale; la mortalité a été de 7,6 %. Si dans certaines formes alarmantes on peut opérer en pleine crise, d'urgence, la plupart du temps on peut attendre sans inconvénient, pour opérer les malades dans des conditions plus favorables : on peut choisir son heure.

Fibrome de l'utérus avec volumineux prolongement pelvien, sans phénomènes de compression. (En collaboration avec M. le professeur CHAVANNAZ.) — *Comptes rendus de la Société d'Obstétrique, de Gynécologie et de Pédiatrie*, Paris, 1911, p. 253; 2 fig.

Ce fibromyome utérin ne pèse que 4 kilogrammes, mais il offre un intérêt tout spécial par le développement énorme de son prolongement intrapelvien. Ce dernier, fait assez paradoxal, n'avait déterminé aucun phénomène accentué de compression.

L'accroissement de la tumeur s'est effectué d'une façon lente, progressive pendant une dizaine d'années, et ce n'est qu'à l'âge de quarante ans, que la malade, gênée par la sensation de pesanteur dans le bas-ventre, s'est décidée à se faire opérer. A l'examen, en plus d'un volumineux fibrome abdominal, on trouve tout le bassin rempli par une masse dure, immobile, indolore, empêchant tout rapport sexuel.

Le seul temps difficile de l'opération par voie abdominale a été celui de l'extraction de bas en haut du prolongement pelvien du fibrome, après section première du col et des pédicules utéro-ovariens. La guérison a été très simple.

La portion intra-pelvienne du fibrome, séparée de la partie principale par un sillon circulaire très profond, présente vaguement la forme d'une tête d'un fœtus à terme. En effet, son grand diamètre, perpendiculaire à l'axe du fibrome et à celui du bassin, mesure 19 cm. 5. Les autres diamètres, perpendiculaires à celui-ci, varient de 13 à 10 centimètres, sans jamais s'abaisser au-dessous de ce dernier chiffre.

Bien que la malade soit de taille assez élevée et à bassin sans doute agrandi, on reste confondu qu'une telle masse ait pu rester enclavée dans la cavité pelvienne sans déterminer des troubles très marqués de compression, soit du côté de la vessie et du rectum, soit du côté des vaisseaux et des nerfs. On comprend aussi la difficulté rencontrée pour extraire sans morcellement cette masse hors du bassin, et lui faire franchir le détroit supérieur qui correspondait à la partie rétrécie de la tumeur laquelle mesurait 7 centimètres de diamètre.

Gangrène d'un fibrome utérin après la ménopause. — *Société d'Obstétrique et de Gynécologie*, Bordeaux, 12 avril 1921.

Ce cas constitue un nouvel exemple de fibrome qui, au lieu de régresser après la ménopause, a une évolution compliquée.

La pathogénie de la nécrobiose apparaît de façon très nette

sur cette pièce, qui met en évidence le rôle primordial des troubles circulatoires. Il s'est produit une hémorragie dans la couche celluleuse péricapsulaire du fibrome, et l'hématome périphérique ainsi produit a amené la compression des vaisseaux nourriciers du nodule fibromateux.

L'hystérectomie abdominale, pratiquée sur cette malade de cinquante-deux ans, a été suivie de guérison.

Fibrome de l'utérus avec polype gangrené. Opération en deux temps. Guérison. — Observation dans la Thèse de H. Debenais, Bordeaux, 1921.

Hématurie vésicale complication de fibrome utérin. (En collaboration avec M. le Dr Mangé.) — *Société d'Obstétrique et de Gynécologie de Bordeaux*, 17 juillet 1923.

L'observation concerne une femme de quarante et un ans, fibromateuse ancienne, qui au moment d'une menstruation douloureuse fit une hématurie à type vésical. Cette hématurie se reproduisant, on constata à l'examen gynécologique un petit fibrome situé en avant de l'utérus, refoulant la vessie. La cystoscopie démontra que la vessie était saine, mais que son bas fond était soulevé par le fibrome.

Hystérectomie. On constate un fibrome sous-péritonéal, du volume d'une petite orange, appartenant au côté droit de l'utérus et qui avait basculé en avant, entraînant les vaisseaux utérins; de là, probablement, gêne de la circulation de retour dans les veines vésico-utérines à l'occasion de la poussée congestive des règles.

L'hématurie est une complication rare des fibromes dont les traités classiques ne font pas mention.

Volumineux fibrome utérin avec perforation de la muqueuse utérine, en nécrobiose massive. (En collaboration avec MM. les Drs Bernard et Mangé.) — *Société d'Obstétrique et de Gynécologie de Bordeaux*, 3 juin 1924.

La pièce, prélevée par hystérectomie, montre la transition pathogénique entre la nécrobiose des fibromes fermés et la gangrène des fibromes exposés. La malade, âgée de quarante-neuf ans, atteinte d'un vieux fibrome dur, a présenté deux mois auparavant des accidents douloureux avec fièvre élevée. On a diagnostiqué une nécrobiose du fibrome.

L'intervention a permis de vérifier ce diagnostic et de voir que la muqueuse utérine, usée par le fibrome, présentait une perte de substance du volume d'une pièce de cinq francs. A ce niveau, le fibrome, grisâtre, brunâtre même, avec plaque de gangrène locale, montrait le nez dans la cavité utérine où il était exposé à l'infection exogène. Le reste du fibrome présentait les lésions caractéristiques de la nécrobiose aseptique massive et était de couleur violacée, hortensia.

Sur un cas de nécrobiose de fibrome utérin. (En collaboration avec M. le professeur VENOT.) — *Société d'Obstétrique, de Gynécologie et de Pédiatrie de Bordeaux*, 10 juin 1913; *Journal de Médecine de Bordeaux*, 1913, p. 641.

Fibrome intra-cavitaire volumineux. Radiodermite grave. (En collaboration avec M. le professeur agrégé VENOT.) — *Société d'Obstétrique, de Gynécologie et de Pédiatrie de Bordeaux*, 10 juin 1913; *Journal de Médecine de Bordeaux*, 1913, p. 642; 1 fig.

Ce fibrome, du volume d'un œuf d'autruche, a été extrait par hystérectomie abdominale. Inséré sur le fond de l'utérus, il représente le type des volumineux fibromes intra-cavitaires dont l'expulsion ou l'extraction ne peut se faire sans amener l'inversion utérine.

La radiothérapie avait été inefficace mais non inoffensive : le fibrome présentait des parties gangrenées et, d'un autre côté, il y avait eu une radiodermite grave de la paroi abdominale dont la cicatrisation avait demandé vingt-six mois.

La présence de cette cicatrice n'a pas permis d'utiliser l'incision médiane et la laparotomie n'a pu être menée à bien que par l'incision transversale sus-pubienne de Pfannenstiel.

Deux observations de fibrome en nécrobiose au cours de la grossesse. Myomectomie. Continuation de la grossesse. — *Société d'Obstétrique et de Gynécologie de Bordeaux*, 17 février 1925.

Nos deux malades opérées vers le quatrième mois de la grossesse, ont subi la myomectomie simple et la grossesse a continué son cours. Les fibromes en cause, du volume du poing dans un cas, d'une pomme dans l'autre, étaient en état de nécrobiose et avaient déterminé des accidents douloureux.

En ajoutant six autres interventions abdominales faites dans le cours d'une grossesse (pour kyste de l'ovaire, appendicite, tumeur du ligament large), nous réunissons huit interventions au cours de la gravidité, sur lesquelles deux ont été suivies de l'interruption de la grossesse. Il s'agissait dans un cas d'appendicectomie à froid, dans l'autre de tumeur vasculaire du ligament large compliquée de petits fibromes utérins.

Angiome veineux d'un ligament large au cours de la grossesse. (En collaboration avec M. le professeur Andérodias.) — *Société d'Obstétrique et de Gynécologie de Bordeaux*, 4 avril 1925.

Il s'agit d'une femme de trente-huit ans qui, dès le début de sa troisième gestation, présente des signes sympathiques très accusés et des douleurs utérines violentes.

L'examen permet de faire le diagnostic de fibromes et de grossesse au début.

Les phénomènes douloureux vont en augmentant, à tel point qu'on pense qu'un fibrome de la corne droite subit la dégénérescence nécrobiotique. On intervient avec l'idée de conserver la grossesse.

On constate non seulement la présence de fibromes au niveau du col et de la corne droite, mais on découvre une volumineuse tumeur variqueuse du ligament large droit avec des dilatations veineuses atteignant le volume du pouce. Ablation du varicocèle, énucléation des fibromes, qui à la coupe ne présentent aucun signe de nécrobiose.

Le lendemain, expulsion d'un fœtus mort.

Les phénomènes douloureux ressentis par la malade doivent être rapportés à la présence dans le ligament large droit de la tumeur vasculaire, qui, particulièrement développée, a déterminé ces manifestations névralgiques.

Fibromyome du ligament large à dégénérescence myxomateuse et à évolution périnéale, dans le cours de la grossesse. Extirpation. Accouchement à terme. Guérison. (En collaboration avec M. le professeur CHAVANNAZ.) — *Société de Chirurgie de Paris*, juillet 1911.

Sur une femme enceinte, au cours du quatrième mois, on notait l'existence d'une tumeur périnéale du volume d'une orange située à gauche et tout près de la grande lèvre. Uniformément molle, réductible dans un véritable trajet, cette tumeur était difficile à identifier.

On pouvait éliminer le kyste congénital des grandes lèvres, les kystes dermoïdes, les tumeurs de la glande de Bartholin et celles nées au niveau des plans périnéaux superficiels. Le kyste hydatique, l'abcès froid, les hernies viscérales, en particulier celle de la vessie, ne pouvaient davantage être retenues.

L'examen, après extirpation, montra qu'il s'agissait d'un fibromyome dans lequel l'élément stroma avait pris sur l'élément musculaire une prépondérance extrême et avait subi une dégénérescence myxoïde très régulière et très avancée. La tumeur, née à la base du ligament large, avait poussé un très volumineux prolongement périnéal latéro-vaginal.

L'accouchement s'est produit normalement, à terme, et la guérison se maintient à longue échéance.

Kyste tuberculeux suppuré de l'ovaire. (En collaboration avec le Dr LEFÈVRE.) — *Société d'Obstétrique, de Gynécologie et de Pédiatrie*, février 1913.

La jeune femme porteuse de ce kyste avait été soignée une dizaine d'années auparavant pour une « ascite essentielle ».

Au niveau de l'ovaire gauche, il existait un volumineux kyste suppuré, tuberculeux. Castration utéro-annexielle Les pièces en main on pouvait très bien voir que les lésions tuberculeuses étaient à leur maximum au niveau du pôle du kyste en rapport avec la trompe gauche. Les deux trompes étaient tuberculeuses, la tuberculose a dû envahir le kyste par l'intermédiaire de la trompe.

Cysto-épithéliomes végétants des ovaires, ascitogènes et à évolution lente. Opération radicale tardive. — *Société de Médecine et de Chirurgie de Bordeaux*, 17 juillet 1925; in *Gaz. hebdom. des sciences méd. de Bordeaux*, 6 sept. 1925, p. 572.

L'observation est celle d'une femme de trente-huit ans, atteinte de volumineuses tumeurs abbomïnales ascitogènes. Le début des troubles remonte au mois de juillet 1918. Un chirurgien consulté à cette époque pensa à une péritonite bacillaire et fit une laparotomie. Trouvant une tumeur pelvienne adhérente et des végétations intra-péritonéales, il conclut à l'inopérabilité, il referma l'abdomen, après avoir fait une biopsie qui montra un cancer ovarien.

Neuf mois après cette intervention, le ventre augmenta de nouveau de volume et des ponctions, assez espacées au début, permirent de retirer un liquide ascitique abondant. En 1920, un deuxième chirurgien pratiqua une nouvelle laparotomie, purement exploratrice cette fois encore. Depuis cette époque, on a été contraint de faire des ponctions à intervalles de plus en plus réduits. Il a été retiré plus de 600 litres de liquide. L'état général s'est altéré progressivement et la malade s'est cachectisée fortement.

Bien que la malade ait eu en 1921 un ictus avec hémiplégie qui a d'ailleurs régressé depuis, comme il n'existe aucun signe de généralisation, que les vaisseaux des membres inférieurs ne sont pas comprimés, que l'intestin fonctionne librement ainsi que les reins, nous tentons à notre tour une troisième intervention, le 10 avril 1925. Celle-ci peut être menée à bien, les deux tumeurs ovariennes sont extirpées avec l'utérus, et à la suite de cette opération laborieuse, la malade guérit. Elle a récupéré depuis tous les signes d'une bonne santé.

Torsion d'un kyste para-ovarien après la ménopause. — *Société d'Obstétrique et de Gynécologie de Bordeaux*, 6 novembre 1923.

Les kystes para-ovariens à pédicule tordu se rencontrent généralement chez des femmes jeunes, en pleine activité génitale. Cependant, on peut en observer quelques cas survenant après la ménopause.

L'observation rapportée concerne une femme de cinquante-six ans chez qui les accidents de torsion pédiculaire avaient été longtemps méconnus et pris pour de l'appendicite. Intervention. Guérison.

Les kystes de la région clitoridienne. (En collaboration avec le Dr Lefèvre.) — *Paris médical*, 1er mai 1913; 2 fig.

Les kystes du clitoris n'ont pas grande importance clinique; leur intérêt réside surtout dans leur rareté et dans leur étude anatomique.

Jusqu'ici ils ont été peu étudiés, et seulement dans des travaux d'ensemble sur les tumeurs du clitoris en général (Peckam-Lambret).

En réunissant toutes les observations éparses à deux observations personnelles et inédites, nous disposons de 21 cas pour essayer d'esquisser leur histoire.

De l'étude de ces 21 observations nous avons pu déduire les considérations suivantes que nous n'oserions ériger en véritables conclusions.

Il existe au niveau de la région clitoridienne des kystes de volume inégal variant de celui d'une noisette à celui d'une tête fœtale, et situés soit sur le clitoris lui-même, qu'ils peuvent remplacer, soit empiétant sur les parties avoisinantes, petites lèvres surtout.

Survenant à tous les âges de la vie, ils ont habituellement une évolution lente et ne déterminent aucun symptôme douloureux. Ils peuvent s'enflammer et ont alors une évolution plus rapide, aboutissant rarement à la suppuration, mais plus souvent à la transformation hématique du contenu avec chute de l'épithélium.

Sans menacer l'existence, ils arrivent à gêner par leur volume et nécessitent l'intervention. La ponction, l'incision simple se montrent insuffisantes; ils ne guérissent que par l'extirpation dont la technique ne présente aucune particularité.

Tous ces kystes ont vraisemblablement une origine congénitale.

En se basant sur la structure de ces kystes on peut distinguer, (le contenu graisseux, liquide. fluide, visqueux ou hématique ne saurait servir de base à une classification) :

1° *Des kystes épidermiques*, à revêtement épithélial pavimenteux stratifié, corné, sans papilles ni glandes, à contenu d n i-solide et pâteux, opaques, n'atteignant pas habituellement un très grand volume. Indépendants de la peau ils sont situés sur le clitoris ou sur la partie dorsale du capuchon.

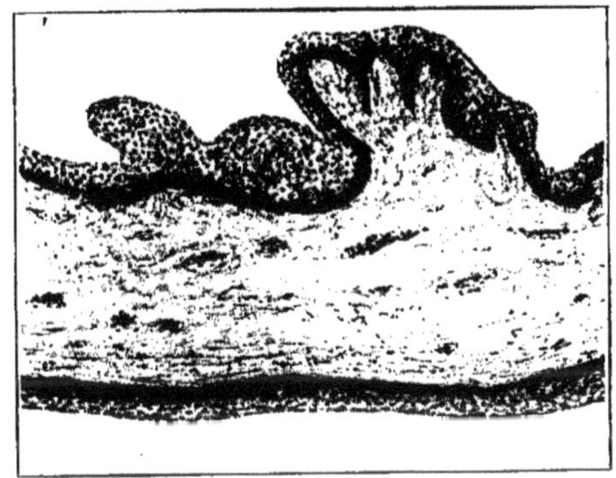

Paroi d'un kyste épidermique du clitoris.

Ils sont d'origine ectodermique et ont la même signification que les kystes épidermiques de certaines autres régions anatomiques (cuir chevelu, prépuce pénien);

2° *Des kystes mucoïdes* à revêtement épithélial cylindrique ou muqueux, à contenu plutôt fluide, filant. De volume parfois considérable, ils peuvent être multiloculaires; ils ont leur siège électif au-dessous du clitoris au niveau du vestibule ou de la partie interne du capuchon clitoridien et des petites lèvres. Ils sont d'origine endodermique et dérivent de l'épithélium ou des glandes du sinus uro-génital;

3° *Des kystes mixtes*, à contenu épais, jaunâtre, occupant la partie vestibulaire supérieure et même le gland. Ils peuvent être rapprochés des kystes épidermiques ou bien ils ont tous les caractères des kystes wolffiens développés aux dépens des canaux de Gartner;

4° *Certains kystes n'ont pas de revêtement épithélial*, leur nature est inconnue; il est vraisemblable que ce sont des kystes des variétés précédentes dont l'épithélium a disparu (hémorragies, inflammation), l'hypothèse d'une hématocèle clitoridienne paraissant fort improbable.

Tumeur sarcomateuse de la cloison vagino-urétrale. — *Société de Gynécologie et d'Obstétrique de Bordeaux*, 12 avril 1921.

Le sarcome du vagin est une tumeur rare.

Il existe deux variétés principales de sarcome du vagin : le sarcome diffus de la muqueuse, et le corps fibreux sarcomateux, dégénérescence lente d'un fibrome ou d'un polype. Les sarcomes primitifs de la muqueuse, bien étudiés par Virenque en 1913, se présentent chez l'enfant sous la forme de myxosarcome en grappe de raisin, et chez l'adulte sous la forme de tumeurs soit exubérantes, soit rongeantes, ulcérant les parois vaginales.

La tumeur dont nous rapportons l'histoire ne rentre dans aucune de ces variétés : développée dans l'épaisseur de la cloison vagino-urétrale, elle n'intéressait pas la muqueuse vaginale; d'un autre côté, elle ne présentait pas les caractères histologiques des tumeurs fibro-sarcomateuses de Pozzi. Il s'agit d'un sarcome pur, à cellules rondes, développé audessous de la muqueuse, adhérent à la paroi de l'urètre, au point qu'on peut se demander s'il ne reconnaît pas une origine urétrale.

L'extirpation chirurgicale a été possible, mais la récidive est probable.

L'adrénaline en obstétrique. — Mémoire pour le concours de Médaille d'or de l'Internat. Thèse de doctorat, Bordeaux, 1910. (Prix Godard des Thèses, médaille de bronze, 1910.)

L'adrénaline, principe actif des glandes surrénales, a été isolée en 1901. Si la médecine et la chirurgie ont eu recours à ses propriétés physiologiques dès sa découverte, les accoucheurs l'ignoraient, au moins en France, quand nous avons entrepris nos recherches.

Notre travail est divisé en deux parties principales : l'exposé des faits expérimentaux, d'une part, et, d'autre part, l'étude des applications cliniques basées sur 56 observations, dont 34 personnelles.

Voici les faits principaux mis en lumière au cours de notre étude et réunis en conclusions.

A. *L'expérimentation sur l'animal*, entre les mains de divers auteurs, autorise à dire que :

L'extrait des glandes surrénales ou bien leur principe actif, l'adrénaline, exerce sur l'utérus animal isolé ou en place, gravide ou non, une action manifeste : l'adrénaline exerce un pouvoir vaso-constricteur énergique sur les vaisseaux utérins et une action excito-musculaire sur les fibres lisses de l'utérus. C'est ainsi qu'elle augmente le tonus musculaire, élève l'excitabilité mécanique de la matrice et agit sur les contractions utérines, elle les provoque ou bien modifie les contractions physiologiques en les rendant plus énergiques et de plus longue durée. Elle modifie leur fréquence en les rapprochant le plus souvent, les régularise. La réaction varie un peu suivant les espèces animales.

Cette action excito-musculaire s'étend au vagin, à la trompe et au ligament large.

L'effet utéro-musculaire produit peut persister pendant plusieurs heures.

L'adrénaline exerce son action, soit qu'elle parvienne à l'utérus par la circulation (voie gastrique, voie sous-cutanée), soit qu'elle soit appliquée localement. L'extrait surrénal n'agit que quand il est appliqué localement ou quand il est administré par voie gastrique.

Tous les auteurs s'accordent à reconnaître que l'adrénaline exerce déjà une action avec des doses excessivement faibles. Il n'y a pas de médicament connu, aussi fort que soit son effet sur la musculature de l'utérus, qui puisse agir à des doses aussi faibles, avec une égale dilution et se comporter comme l'adrénaline.

Expérimentation sur l'utérus humain :

Les conclusions auxquelles nous ont amené l'étude des expériences sur les animaux peuvent s'appliquer à l'utérus humain, qui réagit sous l'effet de l'adrénaline absolument de la même façon que l'utérus de la lapine. L'adrénaline injectée dans le muscle utérin détermine aussi une vaso-constriction marquée et des contractions musculaires. Les doses à employer seules, diffèrent.

Mode d'action et points d'attaque :

Les modifications apportées dans l'utérus par l'adrénaline ne sont pas seulement dues à son effet vasculaire, mais aussi et surtout à son effet musculaire. L'adrénaline agit sur les fibres musculaires utérines comme sur toutes les autres fibres musculaires lisses de l'organisme ainsi que sur celles du cœur, et c'est par l'excitation des terminaisons nerveuses sympathiques qu'elle semble agir. Si son action semble devenir élective au moment de la puerpéralité, cela tient sans doute à l'augmentation de l'excitabilité de l'utérus pendant cet état physiologique.

B. *Résultats cliniques.* — La puerpéralité ne crée aucune contre-indication spéciale à l'emploi de l'adrénaline. On n'observe aucun accident si on emploie, selon la règle, des doses faibles, mais suffisantes. La vaso-dilatation secondaire, elle-même, n'est pas à redouter.

L'adrénaline, en obstétrique, peut être administrée par les voies naturelles, par injection ou bien appliquée localement. Le choix du mode d'introduction est naturellement subordonné à l'effet recherché, mais il faut de parti pris proscrire l'injection intra-veineuse, qui est dangereuse ; quant à l'injection intra-parenchymateuse, proposée par Neu sous le nom d'*injection utéro-musculaire percutanée*, elle est aussi jusqu'à un certain point dangereuse, ses indications sont limitées.

L'adrénaline peut rendre des services au cours de certaines opérations obstétricales.

Dans la pratique de l'opération césarienne, surtout de l'opération césarienne conservatrice, elle peut rendre de grands services contre l'hémorragie primitive ou secondaire, contre l'inertie. Son emploi, en suivant certaines règles, est sans danger, soit pour la mère, soit pour l'enfant. On utilise l'injection intra-parenchymateuse, qui peut être faite préventivement.

Dans les *curettages* et les *curages utérins* où l'on a intérêt à laisser perdre le moins de sang possible, l'adrénaline peut être utile; en plus, elle faciliterait l'opération en augmentant la consistance du muscle utérin et permettrait ainsi d'éviter la perforation.

Grâce à elle, on pourra aussi opérer sans hémorragie les *végétations vulvo-vaginales* de la grossesse; par contre, associée à la cocaïne, elle présente assez peu d'avantages dans la périnéorraphie après l'accouchement.

L'adrénaline serait justiciable de quelques applications pendant la grossesse :

Elle a été employée avec succès par plusieurs auteurs, après Bossi, dans le traitement de l'*ostéomalacie*.

Elle a été essayée dans les *vomissements incoercibles*. De nouvelles observations sont nécessaires avant toute conclusion.

Employée à dose raisonnable pendant la grossesse, elle n'a aucune action nocive sur la mère ou sur le fœtus, *elle ne saurait à elle seule provoquer l'avortement ou l'accouchement.*

En dépit de ce que l'on pourrait penser, l'adrénaline ne nous semble pas pouvoir lutter efficacement contre l'*inertie utérine primitive pendant le travail ;* mais elle peut être administrée avec succès lorsque l'*utérus demeure insensible à l'excitation des agents mécaniques* introduits dans l'utérus dans un but de provocation ou d'accélération du travail, elle agit alors en augmentant l'excitabilité utérine.

Au moment de l'accouchement et de la délivrance, l'adrénaline peut être *d'un grand secours contre les hémorragies*, principalement contre celles qui reconnaissent pour cause l'inertie utérine. Dans les cas moyens, l'injection sous-cutanée suffit; dans les cas graves, on peut avoir recours à l'injection utéro-musculaire percutanée.

L'hémorragie due à la déchirure du col demande l'application locale.

Dans les cas de *collapsus*, d'*anémie aiguë par hémorragie abondante*, un bon résultat sera obtenu par l'injection soit sous-cutanée, soit intra-veineuse *de sérum physiologique additionné d'adrénaline.*

Pendant les suites de couches, si elle ne semble pas influencer l'involution utérine et combattre la *subinvolution*, l'adrénaline conserve encore un pouvoir curateur contre les *hémorragies* qui suivent l'accouchement et qui ne reconnaissent pas pour cause une rétention ovulaire.

L'adrénaline, administrée prudemment pendant l'état gravido-puerpéral, ne semble produire aucune modification dans l'élimination urinaire.

Si, après avoir étudié les qualités thérapeutiques de l'adrénaline en obstétrique, on essaie de les grouper synthétiquement et de classer l'adrénaline parmi les autres médicaments utérins, on voit qu'il est difficile d'apprécier exactement sa place. Il semble cependant qu'on peut approuver la comparaison déjà faite : « *L'adrénaline est la strophantine des toniques utérins* ».

Parmi les applications proposées, il en est trois qui doivent être retenues particulièrement : *l'usage dans l'hystérotomie comme hémostatique, l'emploi contre les hémorragies de la délivrance* et, jusqu'à un certain degré, *pour renforcer l'action des excitants mécaniques*, au cours de l'accouchement provoqué.

L'adrénaline étant un produit physiologique, on peut se demander quel est son rôle pendant la gravidité et l'accouchement et si elle n'intervient pas dans la pathogénie de certains accidents puerpéraux. Nous ne sommes pas encore en mesure de répondre utilement à cette question.

Quelques exemples de lésions anatomiques dans l'infection puerpérale. — *Société d'Obstétrique et de Gynécologie de Bordeaux*, 25 juillet 1922.

Cette étude est basée sur cinq observations, avec contrôle anatomique, ainsi étiquetées :

Deux infections dans le *post-abortum*, trois dans le *post-partum :*

1° Septicémie suraiguë, avec rétention placentaire putride ;

2° Septicémie suraiguë, endocardite ulcéro-végétante ;

3° Péritonite généralisée, mort au dixième jour;

4° Infection puerpérale aiguë, phlébite suppurée utéro-ovarienne;

5° Infection puerpérale aiguë, phlébite suppurée utéro-ovarienne.

Dans ces cinq observations où l'infection a été assez grave pour amener la mort, l'hystérectomie aurait été inefficace à cause de l'extension des lésions au delà de l'utérus.

L'étude attentive des lésions qui forment le substratum anatomique de l'infection puerpérale permet de penser que les indications de l'hystérectomie sont rares. Ces indications sont très délicates à poser. En cherchant à passer entre l'infection grave, encore localisée à l'utérus, et celle qui a déjà mordu un autre point de l'organisme, le chirurgien s'exposera le plus souvent à arriver trop tard ou bien parfois à opérer trop tôt un cas qui aurait pu guérir à moins de frais.

La septicémie suraiguë, la péritonite généralisée, la thrombo-phlébite pelvienne contre-indiquent l'hystérectomie. L'exérèse de l'utérus ne sera justifiée que par l'existence de gangrène de l'utérus ou d'un abcès parenchymateux de cet organe, lésions très difficiles à diagnostiquer par l'examen clinique, en dépit des syndromes récemment décrits comme caractéristiques.

Un cas d'abcès puerpéral de l'utérus accompagné de thrombo-phlébites. (En collaboration avec M. le professeur Andérodias.) *Société d'Obstétrique, de Gynécologie et de Pédiatrie de Bordeaux.* 27 février 1912.

En dehors des petits abcès multiples transformant l'utérus infectieux en une éponge purulente, les collections suppurées uniques ou peu nombreuses de la paroi utérine sont d'une très grande rareté au cours de l'infection puerpérale. Mercadé ne pouvait en rassembler que 41 cas en 1906.

L'observation rapportée est celle d'une jeune femme morte d'infection puerpérale *post-abortum*, après vingt-trois jours de maladie.

L'autopsie a permis de constater qu'à côté de phlébites suppurées multiples (veines utéro-ovariennes, utérines, hypogastriques et veines du ligament rond) il existait trois abcès interstitiels du muscle utérin, le plus gros du volume d'une noix.

L'examen histologique souligne le peu de réaction des tissus voisins, sidérés par l'infection.

Tuberculose et grossesse. — Observation dans la communication de M. le professeur Rivière, *Société de Médecine et de Chirurgie de Bordeaux*, 15 janvier 1909.

Hématome génital pendant le travail et après l'accouchement, — Trois observations rapportées dans la Thèse inspirée au Dr Montagne : « Traitement de l'hématome génital puerpéral », Thèse de Bordeaux, 1912.

Sur un cas d'opération césarienne conservatrice. Hémostase préventive par l'adrénaline. Remarques sur l'emplci du catgut dans la suture de l'utérus. Sacrum à six pièces. (En collaboration avec M. le professeur M. Rivière.) — *Gaz. hebdom. des sciences méd. de Bordeaux*, 24 oct. 1909.

Après avoir rapporté l'observation d'une jeune femme de vingt ans, morte après une opération césarienne, par suite de la désunion complète de la suture de la paroi utérine, nous développons les trois points suivants :

1° *La valeur de l'adrénaline comme agent hémostatique préventif dans la césarienne.* — L'injection d'une solution d'adrénaline à 1 p. 10.000 dans la paroi utérine le long de la ligne d'incision projetée, permet d'avoir une tranche de section de l'utérus complètement exsangue pendant tout le temps utérin de l'opération césarienne. Cette technique, proposée par Neu, n'avait pas encore été utilisée en France.

2° *Le danger que présente l'emploi du catgut pour la suture de l'utérus après césarienne conservatrice.* — La suture par points séparés s'est dénouée spontanément « comme par une main invisible ». C'est un accident déjà observé par d'autres auteurs et qui est imputable à l'emploi de fils glissants comme est le catgut trempé de sang. La soie ne glisse pas.

Les expériences que nous avons faites permettent de conclure que si l'on veut employer cependant le catgut, qui a l'avantage d'être résorbable, il ne faut pas se contenter d'employer les nœuds considérés comme classiques : nœud de chirurgien d'abord, suivi d'un nœud simple. Mais si on prend la précaution de faire un second nœud simple par dessus ce dernier, le catgut ne glisse plus sous l'influence de la traction, alors qu'il cède le plus souvent sans cette dernière précaution.

3° *Particularités présentées par le bassin de cette malade.* — Ce bassin présente une anomalie rangée par les classiques dans le groupe des bassins viciés par anomalie numérique des vertèbres sacrées. Il y a assimilation supérieure, par adjonction au sacrum de la 5e lombaire, réalisant la disposition du sacrum à six pièces, avec cinq trous sacrés de chaque côté. Cette malformation coïncide souvent avec le bassin généralement rétréci à type infantile.

Césarienne suivie d'hystérectomie pour fibromes utérins compliquant la gestation. (En collaboration avec M. le professeur Andérodias.) — *Société d'Obstétrique et de Gynécologie de Bordeaux*, 17 juillet 1923.

L'utérus prélevé par hystérectomie après opération césarienne porte trois volumineux fibromes qui présentent tous des signes de nécrobiose.

Les fibromes avaient été diagnostiquées avant la gestation. L'augmentation de leur volume avait été suivie dès le début de la grossesse. L'apparition de crises douloureuses vers le cinquième mois, avec altération de l'état général, avait décelé la nécrobiose probable de l'un des nodules.

La malade fut surveillée régulièrement et fut opérée à terme. Guérison, avec enfant vivant.

Hématocèle sous-péritonéale développée dans l'épaisseur du ligament large. (En collaboration avec M. le professeur Chavannaz.) — *Société d'Obstétrique et de Gynécologie de Bordeaux*, 10 mars 1914.

Chez une jeune femme présentant des accidents douloureux abdominaux coïncidant avec l'apparition d'une tumeur pelvienne, on trouve à l'opération une hématocèle sous-péritonéale, développée dans l'épaisseur du ligament large.

Bien qu'à l'examen on n'ait pas trouvé de trace de tissu chorio-placentaire, nous concluons à la probabilité d'une rupture intraligamentaire de la trompe gravide ou simplement enflammée.

La douleur paraît être un signe à retenir dans cette variété d'épanchement sanguin; elle augmente d'intensité au fur et à mesure que l'hématome grossit. Le siège sous-péritonéal de l'hématome paraît devoir limiter l'abondance de l'épanchement sanguin.

Trois cas de rupture de grossesse tubaire avec inondation péritonéale. (En collaboration avec M. le Dr Lacouture.) — *Comptes rendus de la Société d'Obstétrique, de Gynécologie et de Pédiatrie*, Paris, 1911, p. 384.

Ces trois malades ont été opérées. Dans deux cas, l'intervention a pu être faite assez hâtivement et les malades ont guéri; dans le troisième cas, nous avons dû opérer une femme exsangue et si déprimée que nous avons pu faire la laparotomie sans aucune anesthésie; la malade a succombé peu après l'acte opératoire.

Grossesse extra-utérine infectée. Poussées aiguës multiples. Opération radicale au bout de trois ans. (En collaboration avec le Dr R. Denis.) — *Société d'Obstétrique et de Gynécologie de Bordeaux*, 27 juin 1922.

Une jeune femme est opérée tout d'abord, par incision de la fosse iliaque, d'une hématocèle péritonéale infectée.

Des poussées aiguës à répétition rendent nécessaire un nouveau drainage au niveau de la première cicatrice.

La guérison définitive n'est obtenue que par l'opération radicale pratiquée trois ans après le début des accidents : castration utéro-ovarienne.

La pièce est particulièrement curieuse. La masse annexielle droite, siège de la lésion, est creusée de nombreuses cavités contenant les unes du pus, d'autres un liquide blanchâtre, d'autres enfin des matières solides où l'on reconnaît des restes de l'embryon représentés par de petits fragments de squelette. Il y a donc de véritables centres de digestion tissulaire qui n'est pas encore achevée au bout de trois ans.

De tels faits sont rares, car les embryons non infectés sont conservés intacts à l'état de lithopédion; les autres sont rapidement éliminés par suppuration.

Grossesse ectopique probable développée dans un moignon de trompe après oosalpingectomie. (En collaboration avec M. le Dr Ichon.) — *Société d'Obstétrique et de Gynécologie de Bordeaux*, 16 décembre 1924.

Une jeune femme de vingt-deux ans, mère d'un enfant d'un an, est opérée en mai 1924 pour une appendicite chronique et un kyste de l'ovaire gauche. On fait l'appendicectomie et l'oosalpingectomie gauche.

Six mois après, la malade présente un retard de règles de quinze jours, puis des accidents aigus d'hémorragie péritonéale. L'intervention, pratiquée douze heures après le début des accidents, permet de constater que l'hémorragie, très importante, a son origine au niveau du moignon restant de la trompe gauche, évasée et déchiquetée.

Bien qu'on n'ait pas retrouvé d'embryon, il est à peu près certain qu'il s'agit d'une grossesse ectopique au niveau du moignon de trompe restant après oosalpingectomie. Le retard de règles, l'expulsion ultérieure d'une caduque sont en faveur d'une grossesse. D'un autre côté, les hémorragies intra péritonéales sont exceptionnelles chez la femme, en dehors des grossesses ectopiques.

ORGANES GÉNITO-URINAIRES

Lithiase rénale récidivante, avec calculs simultanés du rein, de l'uretère et de la vessie. *Gaz. hebdom. des sciences méd. de Bordeaux*, 20 mai 1923; 1 fig.

Les localisations multiples et simultanées de la maladie calculeuse urinaire, posent au point de vue thérapeutique des problèmes délicats, spéciaux pour chaque cas.

Le professeur Legueu a étudié les localisations simultanées le plus souvent rencontrées :

1° Calculs du rein et de la vessie;

2° Calculs du rein et de l'uretère;

3° Calculs des deux reins.

L'observation que nous rapportons concerne un cas plus complexe encore, puisqu'il y avait en même temps des calculs dans le rein, dans l'uretère et dans la vessie.

Une femme de vingt-trois ans porte un volumineux calcul phosphatique (85 grammes) du rein droit, avec pyurie à colibacilles. Nous pratiquons la néphro-lithotomie.

Huit mois après, colique néphrétique droite avec arrêt d'un calcul dans l'uretère et retentissement sur le rein, qui présente de la périnéphrite suppurée. Incision et drainage du phlegmon périnéphrétique. La radiographie montre que la lithiase a récidivé dans le rein droit et qu'il y a en même temps des calculs dans le bassinet, dans l'uretère pelvien et dans la vessie.

Dans un premier temps, nous pratiquons la néphro-uretérectomie droite et, quatre semaines après, le Dr Oraison extrait le calcul vésical par cystoscopie à vision directe. Guérison.

De telles observations sont exceptionnelles. La nôtre vient à l'appui de la thèse de certains auteurs qui conseillent d'enlever tout rein calculeux infecté, sinon la récidive est la règle.

Lorsqu'il y a en même temps des calculs dans le rein, dans l'uretère et dans la vessie, il faut s'adresser d'abord à ceux qui constituent un danger. Si le calcul du rein est petit et s'il n'y a pas d'infection, il faudra trois interventions successives pour enlever d'abord le calcul de l'uretère, ensuite celui

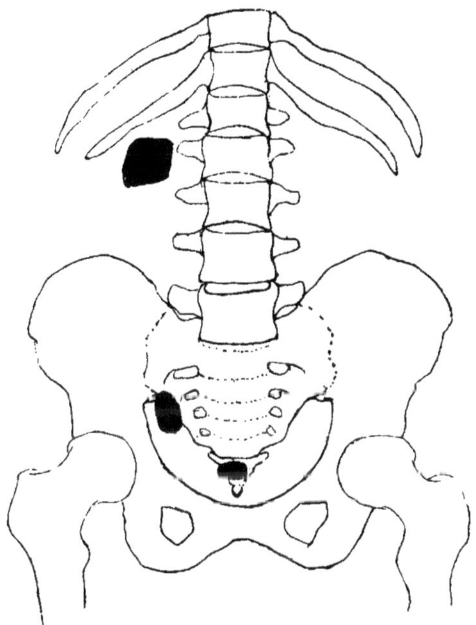

Schéma radiographique de calculs simultanés du rein, de l'uretère, de la vessie.

du rein et en dernier lieu la pierre vésicale. Si le calcul du rein est volumineux, s'il y a de l'infection, deux opérations suffiront, car le rein doit être sacrifié; la première opération sera une néphro-uretérectomie, la seconde visera le calcul vésical. L'ordre de ces diverses opérations pourrait être inversé si le calcul vésical était particulièrement douloureux ou important.

Un cas de rein unique. — *Société d'Anatomie et de Physiologie de Bordeaux*, 27 avril 1908.

Hydronéphrose congénitale chez un enfant de onze ans. Néphrectomie. (En collaboration avec MM. les Drs Oraison et Molinié.) — *Société de Médecine et de Chirurgie de Bordeaux*, 9 novembre 1923; in *Gaz. hebdom. des sciences méd. de Bordeaux*, 16 décembre 1923, p. 656.

Un enfant de onze ans, bien constitué, présente brusquement, à la fin de septembre 1923, des symptômes alarmants d'emblée: vives douleurs abdominales prédominant à gauche, avec ballonnement du ventre, arrêt des matières et des gaz, vomissements. A l'examen, on constate une très volumineuse tumeur occupant la région lombaire gauche, ayant tous les caractères d'une tumeur rénale. Urines limpides, non albumineuses, peu abondantes. Cette tumeur n'existait pas huit jours auparavant et disparaissait deux jours plus tard, en même temps qqe les mictions devenaient plus fréquentes. Le cathétérisme de l'uretère du côté malade permet de retirer 150 grammes d'une urine limpide en rétention. Le 30 octobre 1923, néphrectomie, suivie de guérison.

Sur la pièce, on constate une distension très marquée du bassinet et du rein, dont le parenchyme à peine reconnaissable, est refoulé à la périphérie, formant une coque de quelques millimètres d'épaisseur. La cavité pyélo-rénale ainsi formée, renfermait une assez grande quantité d'urine trouble, dans laquelle nageaient une vingtaine de calculs de la grosseur d'un pois répartis dans diverses loges rénales. Abouchement à peu près normal, à la partie inférieure du bassinet, de l'uretère qui décrit aussitôt après une espèce de crosse; pas de vaisseau anormal. L'uretère, rétréci à son origine, est anormalement dilaté dans sa portion lombo-iliaque.

Un cas de tuberculose rénale à forme douloureuse pure. — *Société Anatomo-Clinique de Bordeaux*, 16 janvier 1922.

Chez une femme de trente-cinq ans qui présente des crises douloureuses lombaires gauches depuis dix ans environ, l'examen clinique et fonctionnel des reins montre seulement une diminution fonctionnelle du rein gauche et la présence de bacilles de Koch dans les urines qu'il fournit.

La néphrectomie gauche, suivie de guérison, montre qu'avec un minimum de signes cliniques, a évolué une tuberculose parenchymateuse fermée. Le rein contient deux abcès tuberculeux dont le plus gros est du volume d'une pomme.

Les accidents douloureux présentaient le type de ceux liés à l'hydronéphrose intermittente, sans que cette dernière soit en cause.

A propos de deux cas de contusion rénale chez l'enfant. (En collaboration avec M. Jonchères.) *Société Anatomo-Clinique de Bordeaux*, 29 juin 1925; in *Journal de Médecine de Bordeaux*, 25 septembre 1925, p. 789.

Il s'agit de contusion rénale avec hématurie immédiate. Un enfant de dix ans fait une chute de 2 mètres de haut sur le flanc gauche. État de shock, hématome périrénal. Pas d'intervention. Le malade conserve au bout d'un mois 7 centigrammes d'albumine par litre. Pronostic éloigné réservé.

Le deuxième enfant, âgé de quatorze ans, contusionné par le guidon de sa bicyclette au cours d'une chute, a guéri sans intervention. Revu trois ans après, il ne présente aucune séquelle apparente.

Un cas d'hypernéphrome (cortico-surrénalome) du rein. (En collaboration avec M. Oraison.) — *Société Anatomo-Clinique de Bordeaux*, 5 février 1923.

L'hypernéphrome du rein (cortico-surrénalome de Sabrazès) se présente sous deux formes : l'adéno-cortico-surrénalome, à évolution bénigne et l'épithélioma cortico-surrénalien, à évolution maligne, qui constitue des tumeurs volumineuses s'accompagnant d'hématuries abondantes et produisant aisément des métastases à distance, par voie sanguine.

Le cas rapporté répond à cette dernière forme. Il ne s'est manifesté que par des hématuries abondantes dues à la saillie de bourgeons épithéliaux dans le bassinet. Le diagnostic du rein malade n'a pu être fait qu'en provoquant une hématurie par la succussion vive des régions lombaires au cours du cathétérisme uretéral.

La néphrectomie par voie lombaire a été suivie de guérison opératoire.

Phimosis inflammatoire et épithélioma de la verge. Circoncision. (En collaboration avec le Dr Pierre Petit.) — *Société Anatomo-Clinique de Bordeaux*, 22 janvier 1923.

Il s'agit d'un épithélioma à type papillaire évoluant chez un homme de soixante-trois ans, porteur d'un phimosis acquis.

Cette observation souligne l'importance de l'inflammation chronique liée au phimosis dans la genèse du cancer de la verge.

La circoncision simple a pu être pratiquée, la tumeur étant localisée au prépuce. La nature histologique, relativement bénigne, de cet épithélioma laisse espérer que cette intervention sera suffisante.

Un cas de corps étranger de l'urètre. — *Société Anatomo-Clinique de Bordeaux*, 10 janvier 1921.

Ce corps étranger, constitué par une épingle de sûreté de grande taille, était enclavé au niveau du bulbe.

L'urétroscopie n'a pas permis l'extraction par les voies naturelles. Il a fallu recourir à l'urétrotomie externe; la plaie opératoire a guéri par seconde intention.

Torsion du cordon spermatique, apoplexie du testicule ectopique. (En collaboration avec M. J. Roudié.) — *Société Anatomo-Clinique de Bordeaux*, 7 décembre 1925; in *Journal de Médecine de Bordeaux*, 10 mars 1926, p. 209.

Torsion du cordon spermatique d'un testicule descendu dans le scrotum. (En collaboration avec M. Mondain.) — *Société de Médecine et de Chirurgie de Bordeaux*, 15 janvier 1926; in *Gaz. hebdom. des sciences méd. de Bordeaux*, 7 mars 1926, p. 152.

Par une coïncidence curieuse, les hasards de la clinique nous ont permis d'observer à huit jours d'intervalle deux cas de cet accident assez rare constitué par la torsion du cordon spermatique.

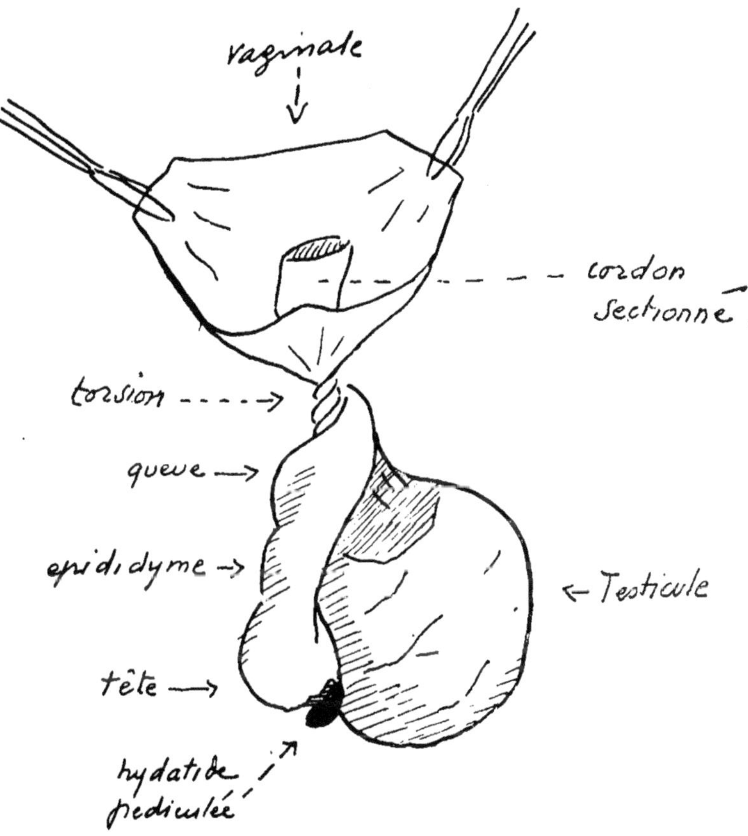

Torsion intra-vaginale du cordon spermatique.

Dans l'un, il s'agit de torsion du cordon spermatique, avec apoplexie du testicule en ectopie inguinale. Dans l'autre, il s'agit d'une affection analogue, mais développée sur un testicule intra scrotal, normalement descendu dans ses enveloppes.

Nous voyons le premier malade, âgé de quinze ans, trois

semaines après la première crise de torsion; il ne nous reste qu'à enlever le testicule, en état de nécrobiose complète.

Le second malade, âgé de treize ans et demi, est traité cinq jours après le début des accidents. L'orchidotomie exploratrice montre l'existence de lésions testiculaires irrémédiables et la castration est également pratiquée. L'examen de la pièce montre, comme le figure le schéma suivant, que la torsion, de deux tours de spire environ, est faite dans l'intérieur de la vaginale, tout à l'origine du cordon, amenant la nécrobiose du testicule et de l'épididyme, qui ont l'aspect des organes infarcis.

Ces deux cas de torsion grave du cordon spermatique sont en faveur de la théorie qui veut que cet accident ne se produise guère que sur des testicules présentant des anomalies. Si notre premier malade avait une ectopie testiculaire, le second présentait une anomalie marquée; il y avait inversion de l'épididyme par rapport au testicule et absence de tout méso épididymaire et de ligament scrotal; testicule et épididyme étaient suspendus au bout du cordon tordu comme un fruit à son pédicule.

Tuberculose testiculaire massive à forme hypertrophique. Castration. (En collaboration avec le Dr Pierre-Nadal.) — *Société Anatomo-Clinique de Bordeaux*, 28 janvier 1924.

Il est rare de voir la tuberculose génitale de l'homme se localiser de façon élective sur le testicule. Un homme de trente-huit ans a vu un testicule augmenter rapidement de volume après un traumatisme, au point d'en imposer pour une tumeur. Seul l'épididyme, infiltré vers sa partie postérieure, pouvait faire admettre l'hypothèse de la tuberculose. La castration a été suivie de guérison. L'examen de la pièce a permis de constater que tous les éléments nobles sécréteurs du testicule sont détruits par une véritable granulie confluente ayant envahi d'un coup la totalité de l'organe.

MEMBRES.

La luxation simultanée des deux extrémités de la clavicule. (En collaboration avec M. le professeur CHAVANNAZ.) — Travail en cours de publication à la *Revue de Chirurgie* (3 fig.)

La luxation des deux extrémités de la clavicule est une affection rare; malgré des recherches bibliographiques assez prolongées, nous n'avons pu en réunir que 25 exemples, dont 4 dans le sexe féminin. L'âge moyen des sujets est de trente-six ans, cinq cas cependant concernent des jeunes gens de treize à dix-sept ans.

La luxation des deux extrémités de la clavicule a été observée à la suite de traumatismes importants : chute d'un lieu élevé, accident d'automobile ou de tramway, éboulement, etc. Une fois cependant la violence a été assez minime pour qu'on puisse penser à une luxation spontanée.

PATHOGÉNIE. — Nous avons cherché à reproduire sur le cadavre la luxation des deux extrémités de la clavicule. Pour cela, nous avons fait porter des violences sur le moignon de l'épaule et nous avons pratiqué des tractions sur la clavicule.

Ces expériences n'ont pas donné les résultats cherchés. Nous avons pu obtenir la luxation complète isolée de chaque extrémité de la clavicule mais non sans avoir préparé l'action du traumatisme par la section des ligaments coraco-claviculaires en dehors, du ligament costo-claviculaire en dedans Par contre, toutes les fois que nous avons voulu obtenir la luxation des deux extrémités, nous avons échoué, la clavicule a cédé en se fracturant. Il est probable que chez le vivant, la contraction musculaire doit entrer en ligne de compte pour faciliter la libération de la clavicule de ses attaches ligamentaires puissantes.

Quelques faits cliniques montrent que la luxation totale se produit d'habitude quand le traumatisme rapproche violemment l'épaule du sternum. La clavicule, qui s'y oppose, peut alors ou se fracturer, ou se luxer à ses deux extrémités, suivant les circonstances. Des causes prédisposantes anatomiques semblent intervenir, soit la résistance particulière de l'os qui empêche sa fracture, soit la laxité ligamentaire anormale de ses articulations, dont on connaît des exemples.

La luxation totale se produirait soit en deux temps successifs (Morel-Lavallée), une articulation se luxant après l'autre, soit en un seul temps, la clavicule s'énucléant en entier « suivant un mode qui rappelle celui du noyau de prune serré entre deux doigts ». L'obliquité des surfaces articulaires de chaque extrémité de la clavicule rend plausible cette véritable énucléation.

Anatomie pathologique. — La clavicule se luxe aussi facilement en totalité du côté droit que du côté gauche. Il existe un seul fait de luxation totale bilatérale.

Le déplacement de chacune des extrémités n'est pas toujours le même. Pour l'extrémité interne, nous relevons 8 luxations présternales franches, 4 déplacements en avant et un peu en haut, 4 luxations sus-sternales et seulement 2 luxations rétro-sternales. L'extrémité externe remonte le plus souvent en haut (9 luxations sus-acromiales), mais elle peut se déplacer aussi en arrière, vers la base de l'acromion (7 fois).

Le déplacement des deux extrémités luxées est parfois tel que l'os prend une direction franchement antéro-postérieure.

De tels déplacements supposent des destructions étendues des divers moyens de fixité de la clavicule. Elles ont été vérifiées au cours d'interventions chirurgicales.

La luxation totale de la clavicule, du fait de la violence du traumatisme causal, s'accompagne dans près de la moitié des cas de lésions en d'autres points du corps, et en particulier de fractures de côtes qui ont été signalées chez 9 blessés !

Symptômes. — Les signes fonctionnels consistent en douleur et en impotence fonctionnelle limitée aux seuls mouvements actifs du bras.

Les signes physiques consistent en gonflement diffus et en saillies osseuses anormales; la clavicule fait saillie dans son ensemble, l'extrémité interne s'élevant au-dessus et en avant du sternum, l'extrémité externe débordant l'acromion en arrière. L'os a tendance à se placer dans le sens sagittal.

La mobilité anormale de toute la clavicule constitue le symptôme prédominant. L'os peut être habituellement mobilisé en entier presque dans tous les sens; dans son axe longitudinal, en particulier, on peut lui imprimer des « mouvements de navette ».

A ces signes, propres à la luxation claviculaire, s'ajoutent naturellement ceux des lésions concomitantes. Les complications, quand elles existent, sont surtout d'ordre pleuro-pulmonaires et liées surtout aux fractures de côtes. On a cependant un cas de compression du plexus brachial.

Le *pronostic* est bénin, dans l'ensemble. Il comporte cependant quelques réserves au point de vue de la fonction du membre; l'amplitude des mouvements de l'épaule, la force de ces mouvements sont parfois diminuées.

Le *diagnostic* est habituellement aisé, l'os étant superficiel et facile à explorer. Chacune des luxations devra être différenciée de la fracture de l'extrémité correspondante de la clavicule. La mensuration de l'os, comparativement avec la clavicule opposée, montrera son intégrité.

La *radiographie* permettra de préciser le diagnostic.

Traitement. — Comme pour toute luxation, le principe du traitement est de la réduire et de maintenir la réduction pendant tout le temps nécessaire à la consolidation, à la réparation des parties molles articulaires.

On a surtout utilisé les procédés par manœuvres externes, orthopédiques: on a dû cependant recourir dans certains cas à la chirurgie.

Chez les blessés dont l'état général était gravement atteint, on ne s'est pas préoccupé de réduire la clavicule luxée. Les blessés n'ont pas trop perdu à cette absence de thérapeutique active; si des déformations notables ont persisté, les fonctions du membre supérieur n'ont été que faiblement amoindries.

Orthopédie. — Sur 20 blessés, chez qui la réduction par manœuvres externes a été tentée, 7 fois la réduction de la double luxation a été aisée, 6 fois elle a été laborieuse, 7 fois enfin elle n'a pu être obtenue, tout au moins pour l'une des deux articulations.

La contention après réduction est très difficile à maintenir habituellement, elle a exercé l'ingéniosité des praticiens: bandages divers maintenant l'épaule ou les épaules en arrière ou en dehors, appareils plâtrés, pression par sacs de sable ou coussinets divers, simple décubitus dorsal avec coussin entre les épaules ont été utilisés. Aucun des appareils proposés ne s'impose par ses résultats.

Ce qui importe, c'est la surveillance des appareils, qui doivent être souvent resserrés et même renouvelés.

Les résultats anatomiques sont loin d'être parfaits. Dans plus de la moitié des cas, l'une des deux extrémités de la clavicule, parfois les deux restent plus ou moins déplacées, la luxation sterno-claviculaire étant la plus rebelle. Maïs le dommage reste habituellement d'ordre esthétique pur, le fonctionnement du membre ne s'en trouvant pas forcément amoindri.

Chirurgie. — Quelques chirurgiens ont cru pouvoir recourir à l'intervention sanglante pour pallier à ces inconvénients.

Baradouline et Beckman ont fait, le premier, la double réduction sanglante, le second, une véritable reposition de la clavicule. Von Beust a dû extirper cet os, qui comprimait le plexus brachial; son opéré a pu reprendre son métier de menuisier.

Il découle de ces constatations des indications thérapeutiques qui peuvent être ainsi résumées :

1º Abstention thérapeutique si l'état général du blessé est grave ;

2º S'efforcer de réduire la luxation dans le cas contraire.

Si la réduction par manœuvres externes peut être obtenue, on immobilisera le membre atteint dans un appareil de contention qui maintiendra l'épaule en arrière et en dehors, tout en comprimant légèrement les deux extrémités de la clavicule. L'appareil sera régulièrement surveillé.

3° En cas d'échec des manœuvres externes, on sera autorisé à intervenir chirurgicalement et à faire la réduction sanglante et la fixation de chaque extrémité luxée.

4° Dans le cas de déformation grave, de troubles de compression (plexus brachial) on pourra envisager l'extirpation de la clavicule, qui trouble d'ailleurs peu le fonctionnement ultérieur du membre.

Tumeur mixte des muscles de l'avant-bras. (En collaboration avec le Dr Pierre-Nadal.) — *Société Anatomo-Clinique de Bordeaux*, 19 juin 1922.

Le sarcome pur, qui forme la presque-totalité des tumeurs malignes des muscles, n'est pas fréquemment observé.

Mais la tumeur mixte des muscles se rencontre beaucoup plus exceptionnellement, ce qui donne un certain intérêt à notre communication qui concerne une tumeur à la fois conjonctive et épithéliale, un *sarco-épithéliome*, développé dans les muscles d'un membre, loin de tout organe renfermant de l'épithélium.

Cette tumeur, du volume d'une orange, s'est développée sans cause apparente chez un jeune homme de dix-sept ans, au niveau de la partie supérieure des muscles fléchisseurs de l'avant-bras, et a acquis ce volume au bout de huit mois, sans occasionner d'autres troubles qu'une gêne mécanique.

L'extirpation de la tumeur a été facilitée par l'existence d'une mince capsule d'enveloppe adhérente cependant au nerf médian. L'aspect clinique et l'examen macroscopique étaient en faveur d'un sarcome musculaire ou d'un fibrome jeune des muscles ou des aponévroses.

L'examen histologique a montré que la plus grande partie de la tumeur présentait la structure du sarcome fasciculé à petites cellules fusiformes, et qu'en certains points les éléments cellulaires, tout en gardant des affinités colorantes identiques prenaient la morphologie épithéliale et se disposaient en épithélium bordant des cavités pseudo-glandulaires. Souvent des transitions insensibles rendent difficile le départ des éléments épithéliaux et du stroma sarcomateux, mais les types extrêmes sont caractéristiques.

Angiome du muscle triceps brachial. (En collaboration avec M. le Dr Plaziat.) — *Société Anatomo-Clinique de Bordeaux*, 19 janvier 1923.

Il s'agit d'un angiome plutôt diffus qui a dissocié les fibres musculaires et tendineuses de la partie inférieure du triceps brachial. L'origine ne paraît pas congénitale. Ce n'est qu'à vingt-cinq ans que la tumeur est apparue, peu après un traumatisme.

La localisation angiomateuse au niveau des muscles est rare.

Sur un cas de léiomyome télangiectasique d'un doigt. — *Société Anatomo-Clinique de Bordeaux*, 7 juillet 1913.

Chez un homme de cinquante-sept ans s'est développée, sans cause apparente, une tumeur de la face palmaire de la première phalange de l'annulaire. Cette tumeur qui, au point de vue clinique rappelait beaucoup plus un kyste ou un lipome qu'un angiome mollasse et réductible, a été traitée par l'extirpation.

L'intérêt de ce cas réside dans la constitution histologique de la tumeur, qui est celle d'un tissu caverneux creusé dans une masse fibro-musculaire.

Pour ne pas présumer de son origine, mal déterminéed'ailleurs, nous jugeons préférable de l'étiqueter : *léiomyome télangiectasique*.

On peut supposer cependant qu'elle a pris naissance dans les fibres musculaires lisses des vaisseaux, puisque c'est surtout l'élément musculaire qui a pris un développement important, ce qui différencie cette tumeur de l'angiome circonscrit.

Deux fractures du col du fémur traitées et guéries par la méthode de Whitmann. — *Société de Médecine et de Chirurgie de Bordeaux*, 13 avril 1923.

A propos du traitement des fractures récentes du col du fémur par la méthode de Whitmann. — *Le Sud médical et chirurgical*, 15 janvier 1924, p. 2329-2333.

Whitmann prétend obtenir la coaptation parfaite des fragments d'une fracture du col fémoral en mettant la cuisse en abduction maxima jointe à la rotation interne et au refoulement en avant du fragment inférieur. Le membre inférieur est immobilisé dans cette position à l'aide d'un grand appareil plâtré.

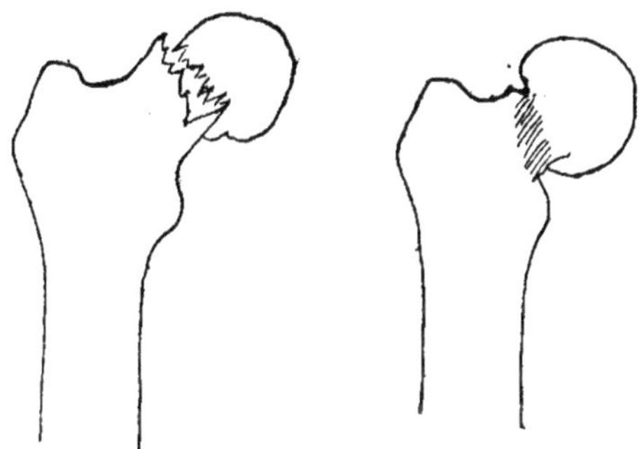

Schéma radiographique d'une fracture sous-capitale traitée par la méthode de Whitmann.

Cette méthode, purement orthopédique, s'oppose aux opération sanglantes, et dans ce travail nous étudions les résultats donnés par la méthode de Whitmann et ses indications. Nous concluons que, chez le vieillard comme chez l'adulte, toute fracture récente du col du fémur peut être traitée par cette méthode, quelle que soit la variété de la fracture. La consolidation osseuse est souvent obtenue à peu de frais, même dans la variété dite par décapitation. Les résultats obtenus, aussi bien anatomiques que fonctionnels, peuvent soutenir la comparaison avec ceux que donne n'importe quelle méthode actuelle de traitement des fractures du col du fémur, et cela avec une gravité plutôt moindre. Les cas anciens, les pseudarthroses en particulier, seront au contraire du ressort des interventions sanglantes, principalement des greffes osseuses.

Trois cas personnels que nous rapportons sont en faveur de ces conclusions :

1° Fracture basi-cervicale du fémur chez un homme de soixante-dix ans, traitée par la méthode de Whitmann. Consolidation avec 2 centimètres de raccourcissement. Bon résultat fonctionnel; le malade a pu reprendre son métier d'encaisseur.

2° Fracture sous-capitale du col du fémur chez une femme de soixante-quatre ans, traitée par la méthode de Whitmann, avec consolidation osseuse vérifiée par la radiographie. Raccourcissement de 1 centimètre seulement. Excellent résultat fonctionnel.

3° Fracture trans-cervicale du fémur chez une femme de soixante-huit ans traitée par la méthode de Whitmann. Malgré l'apparition d'une phlébite bilatérale, la consolidation se fait normalement sans raccourcissement. Bon résultat fonctionnel; la malade a repris ses fonctions de caissière.

Sur deux cas de fracture de l'extrémité supérieure du fémur. (En collaboration avec le Dr CHEVALIER.) — *Société Anatomo-Clinique de Bordeaux*, 9 mars 1914; in *Journal de Médecine de Bordeaux*, 10 septembre 1919, p. 367; 2 fig..

Sur une variété rare de fracture isolée de la tête fémorale sans fracture du col. (En collaboration avec le Dr PERRICHOT.) — *Société Anatomo-Clinique de Bordeaux*, 24 février 1913.

Dans les fractures habituelles intra-capsulaires du fémur, il s'agit de fractures du col dont le plan est plus ou moins perpendiculaire au col du fémur.

Dans le cas que nous rapportons, la tête est seule atteinte; les traits de fracture, au nombre de deux, sont parallèles à l'axe du col fémoral et détachent chacun une calotte de la sphère intéressée.

Malgré tout, les troubles fonctionnels sont légers et tout fait penser que le résultat fonctionnel ne sera pas trop mauvais.

Sur un cas de luxation traumatique de la hanche chez une fillette de quatre ans et demi. (En collaboration avec MM. H. Lafargue et Jonchères.) — *Société Anatomo-Clinique de Bordeaux*, 11 mai 1925; in *Journal de Médecine de Bordeaux*, 25 août 1925, p. 704.

Bien qu'il n'y ait eu aucune difficulté dans le diagnostic ni dans la thérapeutique, cette observation présente de l'intérêt, les luxations traumatiques de la hanche n'existant pas souvent chez les enfants.

Rupture complète de l'artère iliaque externe. Plaie contuse étendue et profonde de la paroi abdominale et de la fosse iliaque. Rupture du muscle psoas iliaque. Guérison. (En collaboration avec M. le Dr Perruchot.) — *Société Anatomo-Clinique de Bordeaux*, 21 juillet 1913.

Malgré l'état de shock du blessé et l'importance des dégâts des parties molles très contuses, la guérison a été obtenue après le nettoyage chirurgical de la plaie et sa suture partielle. L'artère iliaque externe a été liée. Le résultat fonctionnel est très satisfaisant.

Hygroma prérotulien à grains riziformes. — Observation dans la thèse du Dr L. Mathieu, Bordeaux, 1919.

Anévrysme poplité avec gangrène du pied. (En collaboration avec MM. Forton et Blanc.) — *Société Anatomo-Clinique de Bordeaux*, 17 novembre 1921; in *Gaz. hebdom. des sciences méd. de Bordeaux*, 14 décembre 1921, p. 795.

Chez un cultivateur âgé de soixante-dix ans, un anévrysme poplité spontané a pu évoluer progressivement pendant une quinzaine d'années sans amener de troubles appréciables. Il y a deux mois, apparition de signes de gangrène du pied, douleurs vives, altération marquée de l'état général. Au niveau de la jambe, l'oscillométrie avec l'appareil du Professeur Pachon est négative. Bien que doué d'expansion, l'anévrysme ne présente pas de souffle.

L'amputation de cuisse a permis de sauver le malade.

La gangrène du pied était due à l'oblitération de l'artère poplitée au-dessous de l'anévrysme par un caillot organisé, adhérent, déjà ancien. C'est un fait précis de plus qui montre que la gangrène d'origine artérielle, bien que limitée au pied, reconnaît une lésion haut située sur l'artère principale et qu'elle doit être traitée par l'amputation à distance.

On relevait au niveau du muscle soléaire la trace d'un ancien infarctus du mollet par embolie artérielle, sous forme d'une vaste zone de dégénérescence graisseuse du tissu musculaire.

Anévrysme cirsoïde de la région dorsale du pied. (En collaboration avec le Dr Lataste.) — *Société Anatomo-Clinique de Bordeaux*, 27 janvier 1913.

Il s'agit d'une affection relativement rare. Sur 70 cas d'anévrysme cirsoïde, Terrier n'en trouve que 5 au niveau du pied.

Une jeune fille de quinze ans porte sur le dos du pied une tumeur pigmentée qui augmente progressivement de volume, malgré divers traitements : ignipuncture, ligature de la pédieuse.

La tumeur, étalée sur un cercle de 12 centimètres de diamètre, est le siège de violents battements synchrones au pouls, de souffles et de thrill. Elle retentit fortement sur le système artériel du membre; toutes les artères sont augmentées de volume; sur leur trajet on perçoit des battements, du souffle, du thrill jusqu'à la partie moyenne de la jambe.

A l'oscillomètre de Pachon, on trouve que l'indice oscillométrique est très augmenté du côté malade, où la tension sanguine minima est diminuée, tandis que la maxima est très augmentée.

Cet anévrysme cirsoïde, développé sur un angiome, ne peut guérir que par l'intervention chirurgicale. Mais l'extirpation laissera une vaste surface cruentée justiciable d'une autoplastie, par la méthode italienne de préférence.

Séance du 28 juillet 1913. — Nous présentons de nouveau cette malade qui, opérée par M. le professeur Chavannaz suivant la technique proposée ci-dessus, est guérie avec un résultat parfait.

Sur un cas de luxation totale ou énucléation de l'astragale. (En collaboration avec le Dr Nard.) — *Société Anatomo-Clinique de Bordeaux*, 10 janvier 1921 et 4 avril 1921.

Cette luxation totale ou énucléation (Destot) de l'astragale a été produite par une chute sur les pieds, de 6 mètres de haut.

La netteté de la déformation rendait le diagnostic évident et la réduction a été obtenue très facilement.

Les résultats éloignés sont excellents, tant au point de vue morphologique qu'au point de vue fonctionnel.

Résultats éloignés d'une désarticulation sous-astragalienne. — *Société Anatomo-Clinique de Bordeaux*, 21 juillet 1913.

THÈSES INSPIRÉES

MONTAGNE. — *Le traitement de l'hématome génital puerpéral.* (Thèse de Bordeaux, 1912.)

LE BOULAIRE. — *Les tumeurs solides primitives du tissu cellulaire pelvien.* (Thèse de Bordeaux, 1920.)

MOREAU (N.). — *Contribution à l'étude des tumeurs bénignes des glandes mammaires surnuméraires.* (Thèse de Bordeaux, 1921-1922.)

DUCAU-MARTIN. — *Contribution à l'étude du cysto-adénome des glandes sudoripares de la marge de l'anus.* (Thèse de Bordeaux, 1922-1923.)

BEAUMONT. — *Le sarcome de la langue.* (Thèse de Bordeaux, 1924-1925.)

COUTY. — *Les crises aiguës fébriles dans la nécrobiose des fibromes utérins.* (Thèse de Bordeaux, 1924-1925.)

DE MIOLLIS. — *Contribution à l'étude de la gangrène gazeuse d'apparition tardive.* (Thèse de Bordeaux, 1925-1926.)

TABLE DES MATIÈRES

50486. — Bordeaux, Impr. GOUNOUILHOU, 9-11, rue Guiraude. — 1926.

www.ingramcontent.com/pod-product-compliance
Ingram Content Group UK Ltd.
Pitfield, Milton Keynes, MK11 3LW, UK
UKHW020331180726
13839UKWH00002B/658